KB122918

영웅 안중근

항일유적답사기·3

영웅 안중근

- 안중근 의사 마지막 160여 일
행적을 뒤쫓다 -

박도 지음

눈빛

지은이 박도는 1945년 경북 구미에서 태어나다. 고려대학교 국문학과를 졸업한 뒤 곧장 교단에 서다. 33년간 교단생활을 마무리한 뒤 지금은 원주 치악산 밑에서 창작에 전념하고 있다. 작품집에는 장편소설 『약속』 『허형식 장군』 『용서』 등이 있고, 산문집 『비어 있는 자리』 『일본기행』 『안흥 산골에서 띄우는 편지』 『백범 김구 암살자와 추적자』 『마지막 수업(발간 예정)』 등과 한반도와 중국대륙, 연해주 등지를 누비며 『항일유적답사기』 『누가 이 나라를 지켰을까』 『영웅 안중근』 등을 펴냈다. 이밖에도 미국 국립문서기록관리청을 샅샅이 뒤져 『지울 수 없는 이미지 1·2·3』 『나를 울린 한국전쟁 100장면』 『한국전쟁·Ⅱ』 등의 한국전쟁 사진집과 『사진으로 엮은 한국독립운동사』 『개화기와 대한제국』 『일제강점기』 『미군정 3년사』 등을 엮어 냈다.

항일유적답사기·3

영웅 안중근

박도 지음

초판 5쇄 발행일 —— 2019년 3월 26일
초판 1쇄 발행일 —— 2010년 3월 26일
발행인 —— 이규상
편집인 —— 안미숙
발행처 —— 눈빛출판사
　　　　　　서울시 마포구 상암동 1653 이안상암 2단지 2206호
　　　　　　전화 336-2167 팩스 324-8273
등록번호 —— 제1-839호
등록일 —— 1988년 11월 16일
편집 —— 정계화·성윤미
출력·인쇄 —— 예림인쇄
제책 —— 일진제책
값 17,000원

'죽어도 좋아'

시베리아행 열차가 경적도 없이 블라디보스토크역 플랫폼을 벗어났다. 넓은 객차에 나 혼자 타고 간다는 것은 러시아 철도국에는 좀 미안했지만 행운이었다. 더욱이 24개 객차들의 맨 뒤 칸이라 차창 좌우는 물론, 열차 뒤 풍경까지 두루 살필 수 있기에 더욱 좋았다.

열차가 아무르만을 끼고 북으로 달리자 왼쪽 차창으로는 일대장관이 펼쳐졌다. 수평선으로 지는 해가 바다를 붉게 물들이고 있었다. 열차 뒤로는 평행선으로 곧게 뻗은 두 줄기 시베리아 철도가 줄곧 뒤따랐다.

어디선가 체첸의 비애가 담긴 〈백학〉이 들려오는 듯했다. 잃어버린 나라를 찾기 위해 싸우다 죽은 전사를 찬미하는 이 노래는 약소민의 아픔이 물씬 묻은 노래다. 이 가사에는 '돌아오지 않은 병사'라는 노랫말이 있다. 꼭 일백 년 전 하얼빈행 열차를 타고 이 철길을 달렸던 안중근은 끝내 '돌아오지 않은 대한의군 병사'가 아니었던가.

갑자기 차창에 비가 뿌렸다. 바깥 언저리가 금세 어두워졌다. 그러자 열차 밖 풍경은 보이지 않고 차창에는 내 얼굴이 점차 뚜렷해졌다.

늘그막에 잃어버린 나라를 찾겠다고 목숨을 지푸라기처럼 버린 한 영웅의 마지막 발자취를 뒤쫓아 가는 나는 참으로 행복한 사람이란 생각이 들었다. 문득 이번 답사 중에 죽어도 조금도 억울치 않다는 생각이 들었다. 그 순

5

나는 '죽어도 좋아'라는 말이 퍼뜩 떠올랐다.

나는 우리나라 근현대사에서 가장 위대한 애국자요, 영웅인 안중근 의사가 마지막 가신 그 길을 당신의 순국 100주년을 맞아 그대로 뒤쫓았다. 그러면서 안 의사 유적을 카메라에 부지런히 담은 뒤, 의사의 행장을 무딘 붓을 휘두르고자 한다. 대한의 작가로서 더 이상 영광이 어디 있겠는가. 그야말로 공자가 말한 "아침에 도를 깨치면 저녁에 죽어도 좋다(朝聞道 夕死可矣)"의 심정이다.

내가 안중근 의사를 처음 알게 된 것은 1950년대 구미초등학교 시절이었다. 그때 단체로 본 영화 가운데 〈고종황제와 안중근〉만은 아직도 기억에 뚜렷하다. 안중근 의사가 하얼빈역 플랫폼에서 가슴에서 권총을 빼내 이토 히로부미를 장쾌하게 쓰러뜨릴 때 우리 악동들은 자리에서 벌떡 일어나 박수를 쳤다.

그 뒤 구미중학교 때 역사와 지리를 배우면서 중국 하얼빈은 까마득히 먼 북국의 붉은 나라, 도무지 갈 수 없는 나라로 새겨졌다. 그 먼 나라를 나는 쉰이 넘은 1999년 8월에 중국대륙 항일유적답사 길에 들렀다. 그때 하얼빈 동포사학자 서명훈 선생으로부터 하얼빈역 플랫폼 의거 현장에서 그날의 상황을 자세히 들을 수 있었다. 귀국 후 그 장면을 쓸 때는 많은 참고도서도 보고 고심도 많이 했다. 마치 내가 안중근 의사가 되어 이토 히로부미를 향해 권총 방아쇠를 당기는 마음가짐으로 쓴 뒤 '누가 그의 뒤를 따르랴'라는 제목을 붙였다. 아울러 의거지 하얼빈역 플랫폼에는 아무런 표지도 없다고 국가보훈처와 광복회에 쓴소리도 했다. 여러 독자들은 그 대목이 매우 좋았다고 댓글이나 편지, 또는 전화로 격려했다. 그 뒤 국가보훈처와 광복회의 노력으로 하얼빈역 플랫폼 의거지에 총을 쏜 자리와 이토 히로부미가 쓰러진 자리에 표지를 했다는 보도를 보고 글쓴이로 보람과 기쁨을 누렸다.

이번 답사에 앞서 안중근 의사와 이토 히로부미 일본 추밀원장의 인물을 공부해 보니까 예사 인물이 아니었다. 그리고 안중근, 이토 히로부미 두 사람 모두 1909년 10월의 하얼빈행은 '마지막 여행'이었다. 이미 한일 양국의 학자 및 작가들은 두 인물에 대해 좋은 작품을 많이 남겼다. 그래서 나는 가장 낮은 자세로, 최대한 안중근 의사가 갔던 길을 곧이곧대로 뒤따랐다. 그러면서 조선왕조가 왜 망했으며, 100년이 지난 오늘 우리의 처지와 앞으로 우리가 나아갈 길을 내 나름대로 가다듬어 젊은 독자에게 전해야겠다고 취재 및 집필 방향을 세웠다. 그리고는 미련스럽게 답사 길 역사의 현장에서 틈틈이 보고자 많은 참고 도서를 가방에 잔뜩 담았다.

이 글은 크게 세 갈래로 나눠 썼다. 앞부분은 나의 답사 여정과 견문을 썼고, 다음 부분에는 안중근 의사와 이토 히로부미 행장을 썼는데, 이 부분은 많은 도서와 자료를 종합해서 젊은 독자들이 이해하기 좋도록 가능한 쉽게 가다듬어 썼다. 일부는 주석을 달았으나 전부 다 달지 못한 것은 서로 중복되거나 문장을 내 나름대로 다소 가다듬어 썼기 때문이다. 그리고 마지막 부분은 안중근 의사 자서전 『안응칠 역사』에서 발췌 인용했다.

안중근 의사에 대해 글을 남긴 선후배 학자와 작가에게 깊이 감사드린다. 내가 가장 많이 참고한 『대한국인 안중근』의 저자 나명순(전, 세계일보사) 기자는 대학 선배로 무척 따랐던 형이었다. 이 책은 그 형의 열정과 땀이 물씬 배어났다. 아까운 나이에 요절한 형의 단명이 무척 가슴 아프다. 책장을 넘길 때마다 그 형이 자꾸만 "박도! 넌 나보다 잘 써야 돼!" 하고 격려해 주시는 것 같았다. 다음으로 많이 참고한 책은 일본인 작가 사키류조(佐木隆三)의 『광야의 열사 안중근』이다. 안중근과 이토 히로부미의 여정을 입체로 추적한 점이 매우 돋보였다. 나도 일부는 그렇게 해 보았다. 하지만 그는 어쩔 수 없이 일본인이고, 나 또한 어쩔 수 없는 한국인이다. 피차 그 부분은 서로 비난해서는 안 될 것이다. 이 책에 실은 현재의 안중근 유적지 사진은 모두 서툰 내 솜씨로 찍었다. 그밖에 자료 사진은 김호일 전 안중근의사기념관장이 엮은 '사진과 유묵으로 본 안중근 의사의 삶과 꿈 『대한국인 안중근』'과 중국 흑룡강 조선민족출판사에서 발간한 『안중근』, 그리고 안중근의사숭모회에서 발간한 『울림, 안중근을 만나다』 등에서 뽑았다. 흔쾌히 나의 안중근 답사 길에 격려와 함께 내 가슴에 안중근 기념배지를 달아 주신 김호일 전 안중근기념관장님에게 깊이 감사드린다. 이번 답사에도 노잣돈을 보태 주신 우당기념관 이종찬 관장님과 황영구 치과원장님에게도.

이 책을 통해 독자들이 안중근 의사의 참 모습을 알고 나라와 겨레의 앞날을 좀더 생각하는 계기가 된다면 나로서 분외의 영광이겠다. 독자들의 성원과 사랑이 있는 한, 나는 또 다른 이야기를 이어갈 것이다.

2019년 봄 원주 치악산 밑 '박도글방'에서

박도

---

* 덧붙이는 말 : 『영웅 안중근』 1쇄에서는 안중근 의사의 호칭을, 하얼빈역 의거 당시 신분인 '대한의군 참모중장 겸 특파독립대장'이었기에, 극존칭 예우로 '장군'이라고 붙였다. 1쇄 출간 후 안 의사의 행장에 조예가 깊은 여러 전문 학자들이 나에게 안중근 의사의 행장에는 장군이라는 호칭보다 의사가 더 옳다고 조언하기에, 2쇄부터는 '장군'이라는 호칭을 '의사'로 고쳤음을 밝힌다.

차례

대한의사 안중근공 혈서 엽서

첫째 마당

블라디보스토크에 가다

1909년 10월 26일 거사 후 하얼빈
일본총영사관으로 연행되었을 때 촬영한
안중근 의사의 당당한 모습이다.

속초 가는 길

여러 차례 잠이 깼다. 아마도 이제까지 한 번도 가보지 않은 낯선 나라를 찾아가는 설렘 때문이었나 보다. 만일을 대비하여 알람을 7시에 맞춰 두었지만 6시에 잠자리에서 일어났다. 커튼을 젖히고 바깥을 보니까 짙은 안개로 온 누리가 자욱했다. 아마도 날씨는 매우 쾌청할 모양이다. 이부자리를 개고 여행 가방을 꾸린 뒤 책상에 앉아 두 손을 모은 채 눈을 감았다.

일백 년 전, 이 시각 대한의군 참모중장 겸 특파독립대장 안중근 의사는 하얼빈 삼림가 김성백의 집 잠자리에서 일어나 세면을 한 뒤 새 옷 대신에 평소 입었던 옷으로 갈아입었다. 간밤에 손질해 둔 권총을 꺼내 약실에 총알 7발을 장전한 뒤 깨끗이 닦아 품속에 넣었다. 그리고는 하얼빈역이 있는 북쪽을 향해 무릎을 꿇어 앉아 성호를 긋고 마음속으로 "모든 것을 당신의 뜻에 맡긴다"라는 기도를 드렸을 것이다.

일백 년이 지난 바로 그 시각, 나는 대한의 한 작가로서 안중근 의사 유적지를 더듬는 데 대해 감사함과 함께 이번 답사 여행길이 순탄하기를 마음속으로 빌었다. 이번 여행의 중요 경유지는 러시아 블라디보스토크, 우수리스크, 포브라니치나야와 중국 쑤이펀허, 하얼빈, 지야이지스고(蔡家溝), 창춘, 다렌(大連), 뤼순 등인데 그 가운데 하얼빈, 창춘만 두 차례 다녀왔을 뿐, 나

15

머지 지역은 모두 낯선 곳이라 조금 염려스러웠다.

내 방 창문으로 안채를 보니까 그새 아내도 일어나 먼 길을 떠나는 남편의 아침밥을 준비하고 있었다. 안채로 건너가 세면 뒤 옷을 갈아입고는 아침밥을 들었다. 짐을 줄이고 줄였지만 세 뭉치였다. 하나는 카메라 가방이요, 하나는 노트북 가방, 그리고 책과 옷, 선물을 챙겨 넣은 여행용 가방으로 만만치 않았다. 이번 답사여행은 배와 열차에서 보내는 시간이 많기에 그때 읽으려고 참고도서를 많이 챙겨 넣었다.

8시 20분, 카사(고양이)와 작별 인사를 나눈 뒤 아내 승용차에 올랐다. 아내는 특별히 선심을 쓰듯, 원주시외버스터미널까지만 태워 주겠다고 했다. 해가 오르자 안개가 점차 걷혔다. 안흥에서 원주로 가는 매화산 전재고개에 이르자 아침 햇살에 한창 물든 단풍이 한껏 모양새를 뽐내고 있었다. 매화산 언저리 단풍이 소름 끼치도록 아름다웠다. 하기는 이 일대는 어느 때인들 아름답지 않으랴. 이번 답사여행을 마치면 나는 이 고장을 떠나야 하기에 더욱 아름답게 느껴졌는지도 모르겠다. 승용차 라디오에서는 오늘이 안중근 의사 의거 100주년 기념일로 남산 안중근의사기념관 앞 광장에서 기념식을 한다고 보도했다.

9시 20분, 속초행 버스가 원주시외버스터미널을 벗어났다. 일백 년 전 이 시각 하얼빈역 플랫폼에서는 많은 환영 인파가 막 도착한 기차에서 이토 히로부미가 내리기를 기다렸을 시각이다. 사실 이번 답사여행은 일백 년 전 안중근 의사의 의거 일정에 맞춰 10월 중순께 떠나고자 했다. 하지만 비자 발급과 안내인 선정 등 이런저런 일로 일정을 맞추지 못하고 다만 의거 100주년 기념일에 맞춰 답사여행을 떠나게 되었다.

원주시외버스터미널에서 버스에 오르자 홍천까지는 중앙고속도로와 막 개통된 경춘고속도로의 연결로 백두대간을 따라 시원하게 달렸다. 중국 당나라 때 시인 두목(杜牧)은 "서리에 물든 잎이 봄꽃보다 더 붉다(霜葉紅於二

月花)"고 단풍의 아름다움을 경탄하였는데, 정말 그 시구대로 가을 산이 봄 산보다 더 황홀했다. 참 아름다운 강산이다. 해외에 나가 남의 나라를 보면 볼수록 내 조국 산하의 아름다움을 더욱 절감하게 된다.

속초로 가는 버스는 홍천강을 끼고 달렸다. 귀에도 지명이 많이 익은, 돈도 백도 없는 신병들이 이 강원 산골부대로 전입해 오면서 "인제 가면 언제 오나 원통해서 못살겠네"라고 눈물을 흘렸다는 인제와 원통을 지나자, 내설악의 멧부리들이 노랗고 붉은 치마저고리로 단장한 채 위용을 한껏 뽐냈다. 특히 매끈한 울산바위의 자태에 넋을 잃은 새, 11시 40분 버스는 속초터미널에 닿았다. 자루비노로 가는 동춘호를 운항하는 동춘항운에 배표를 전화로 예약할 때 오후 1시까지 속초항 국제여객터미널로 오라고 했다.

다소 시간 여유가 있어 부두 가까운 밥집에서 느긋하게 점심을 먹은 뒤 제시간에 터미널로 가서 배표를 샀다. 객실 등급은 귀빈실, 일등실, 일반실 A, 일반실 B 등이었는데, 일반실 A로 끊었다. 편도 배삯이 220,300원이었다. 비수기인지라 승객이 별로 없었다.

매표실 곁에 출입국신고서를 쓰는데 난생 처음 보는 러시아 문자에 헤매자 곁에서 신고서를 쓰던 한 청년이 대필해 주었다. 그는 강원도청 공무원인데 환경답사차 백두산으로 연수를 간다고 했다.

성수기에는 매표와 승선 수속에 시간이 꽤 걸리기에 동춘항운 측에서는 두 시간 전에 터미널로 오라고 했을 테지만, 비수기로 매표와 수속이 금세 끝나 승선까지는 시간 여유가 많았다. 의자에 앉아 준비물을 하나하나 다시 점검해 보니까 두 가지가 미비했다. 하나는 여행 가방에 붙인 꼬리표가 너무 작아 큰 것으로 사 붙이고 싶었고, 다른 하나는 이번에 큰마음 먹고 산 카메라 플래시에 들어가는 예비 건전지도 한 벌 더 사고 싶었다.

마침 눈에 띄는 구내매점에 부탁하자 매점 주인은 배는 비행기와 달리 승객이 승선에서 하선까지 자기 짐을 소지하기에 꼬리표는 별 필요가 없다고 했고, 건전지는 하필 떨어졌다고 하면서 즉각 전화로 주문했다. 그 광경을 지켜보던 한국–중국 간 보따리 무역상인 듯한 여인이 꼬치꼬치 나의 행선지와 여행 목적을 물었다.

내가 살아온 인생 경험에 따르면, 대체로 서민들은 자기 신분도 금세 노출시킬 뿐 아니라 상대의 프라이버시도 굳이 알고자 했다. 이와는 달리 부유층이거나 지식층일수록 자신의 정체를 감추거나 밝히지 않았다. 내가 고교 시절 신문 배달할 때 가난한 집은 안방까지 훤히 들여다볼 수 있었으나 부잣집에서는 수금할 때 대문 틈이나 우편함으로 영수증과 신문대금을 교환했다. 그랬으니 주인의 얼굴을 끝내 보지도 못한 채 늘 경비원이나 식모(가정부)만 상대했다. 내가 그에게 사실대로 자루비노로 가서 블라디보스토크로, 하얼빈으로 안중근 의사의 발자취를 따라간다고 했다.

"오늘 아침 뉴스에 안중근 의사가 이토를 처단한 날이라고 나오더니 그 일 때문에 가시오?"

내가 그렇다고 답을 하니까 그는 매우 반가워하면서 자기의 정체를 곧장 다 털어놓았다. 자기는 중국 훈춘에 사는 조선족으로 한국과 중국을 오가는 무역상이라고 했다. 그러면서 나에게 훈춘이나 옌지는 들르지 않느냐고 묻기에 이번 여정에는 없다고 답했다. 사실 훈춘에도 안중근 의사가 거사 1년 전인 1908년 7월부터 그해 9월까지 머물었다는 권하촌도 애초에는 여정에 넣었으나 비자 발급 과정에서 중국 국경 출입은 한 번밖에 할 수 없다고 하는 데다가 안중근 의사의 권하촌 시절은 학자에 따라 이론(異論)도 없지 않아 생략하기로 했다.

매점 주인은 오후 2시부터 승선이 시작된다고 하면서 아무래도 그 시간까지는 건전지가 도착하지 않을 듯하니 바깥에 가서 구입하는 게 실수하지 않겠다고 권하기에 터미널에서 가까운 슈퍼에서 건전지를 샀다.

자루비노행 동춘호에 오르다

오후 2시, 대합실 승선 대기열에 섰다. 언저리를 살펴보니 백인계 러시아인, 중국 조선족, 그리고 한국인으로 크게 나눠지는데 대부분 한국과 중국, 러시아를 오가는 상인들 같았고, 일부는 백두산 단체관광객 그리고 블라디보스토크 한인 교회로 가는 교인들이었다.

대기열에는 사람보다 짐이 더 많았다. 짐들을 살펴보니 가전제품에서 라면 과자류까지 거의 없는 품목이 없어 보였다. 내가 항일유적 답사길에 중국 옌지, 선양 조선족 거리에 가보니까 상점에는 한국 상품이 죄다 진열되어 있는 것을 본 적이 있었다. 어느 책에서 보니까 문화의 흐름은 보따리 상인들을 보면 안다고 하는데, 몇 해 전 부산－하카다를 오가는 한일 페리를 탔더니 한국 보따리 상인들이 별별 일본 상품을 아귀처럼 사서 부산 부두로 번질나게 나르고 있었다. 그 상품들이 전국 방방곡곡으로 스며들어감은 굳이 묻지 않아도 알 수 있는 일이 아닌가.

오후 2시 30분에야 승선을 시켰다. 동춘항운 측에서도 승객이 없는 줄 알고서 그 시간에 태워도 출항에 지장이 없기에 30분을 늦춘 모양이었다. 가방과 선물 보따리 쇼핑백에 어깨에 멘 노트북 가방 등, 짐을 끙끙 거리며 동춘호로 계단을 오르는데 진땀이 났다. 괜히 책을 많이 쌌다는 후회를 하다가도 오랜 배 여행에서, 열차 여행에서 공부하고자 가져가는 거라고 위안을 하면서도, 나는 참 인생을 스스로 불편하게 사는 못난이로 여겨졌다.

부두에서 3층 높이 정도 동춘호 계단을 오르자 객실 매니저가 맞이하며 배표를 본 뒤 객실을 배정해 주는데 325호실이었다. 한 층 더 올라가 열쇠로 문을 따고 들어가자 8인용 침대방이었다. 창으로는 바다가 환히 보였다. 그런데 배표에는 방 좌석이 지정되지 않아 바다가 잘 보이는 창 옆을 내 자리로 정하고는 짐을 내렸다. 그런데 3시 출항시간이 가까워 오는데도 내 방에는 아무도 문을 두드리는 사람이 없었다. 끝내 손님이 없는 것으로 보아 큰 객실을 나 혼자 독차지하는 듯해 일반실 표로 특실을 탄 듯 횡재한 기분이었다. 만일 이 객실에 여덟 사람이 빼곡히 타고 간다면, 그것도 말이 통하지 않는 사람과 밤을 새워 간다면 얼마나 고역일까.

1907년 대한제국은 조선통감 이토 히로부미의 주도로 한일신협약(정미7조약)을 강제로 맺고, 광무 황제(고종)가 강제로 폐위되는가 하면 군대까지 해산을 당했다. 그러자 안중근은 더 큰 뜻을 이루고자 고국을 떠나 동포들이 많이 살고 있는 연해주 블라디보스토크로 가기로 결심하고는 그해 가을 원산에서 청진으로 떠나는 배에 올랐다. 블라디보스토크로 가는 배는 일본 경찰의 검문이 엄격하기에 청진에서 육로로 간도에 간 뒤 거기서 국경을 넘을 속셈이었다. 그때 안중근 의사가 원산항에서 배를 타고는 고국을 떠나는 그 마음을 백분지 일이라도 헤아리고자 동춘호 갑판에 올랐다.

오후 3시에 출항하기로 한 배는 시간이 지나도 미적거렸다. 아마도 늦은 승객이 있나 보다. 3시 30분에야 배는 부두 쇠기둥에 묶은 굵은 닻줄을 올리고는 스크루를 천천히 돌렸다. 이윽고 동춘호는 예인선에 끌려 천천히 속초항을 벗어났다. 갑판에는 몇몇 승객들이 올라와 멀어져 가는 속초항을 바라보았다. 한 여인이 눈물을 글썽였다. 그는 나에게 금세 사연을 쏟았다. 자기는 러시아 하바로프스크에 사는데 2년 전 한국에 와 전북 부안의 한 멜론 농장에서 일했다고 한다. 비자 기한 만료로 귀국한다는데 조금 전 하바로프스크의 아들과 통화하자 그 아들이 보고 싶어 눈물이 나왔다고 떠듬떠듬 말하면서 겸연쩍어했다.

"돈 많이 벌어 가세요?"

"얼 마 못 벌 었 어 요."

그는 서툰 우리말로 떠듬떠듬 대답했다. 짐작컨대 동포 2, 3세인 듯했다. 속초항이 가물가물 멀어지자 동해 바람이 세찼다. 갑판의 승객도 점차 객실로 들어갔다. 곧 동춘호는 북으로 뱃머리를 돌리고는 스멀스멀 북진했다. 혹이나 북녘 산하를 멀리서 바라볼 수 있을까 뚫어지게 살펴도 공해상 망망대해로 1만 톤이 넘는 동춘호도 한낱 일엽편주에 지나지 않았다. 일백 년 전 고국산천을 떠나는 안중근 의사의 가슴속이 어떠했을까? 내 어찌 감히 그때 안 의사의 마음을 헤아리겠는가. 마침 교실에서 학생들에게 가르쳤던 도산 안창호의 〈거국가(去國歌)〉가 떠올랐다.

간다 간다 나는 간다
너를 두고 나는 간다
잠시 뜻을 얻었노라
까불대는 이 시운이
나의 등을 내밀어서
너를 떠나가게 하니
간다 한들 영 갈소냐
나의 사랑 한반도야.

이 노래는 도산이 망국의 설움을 안고 망명길에 오르며 남긴 노래다. 아마도 안중근 의사의 마음도 이와 같았으리라.

동춘호가 속초항을 뒤로한 채 자루비노항으로 떠나고 있다.

동해 공해상에서

망망대해다. 동해 바닷물이 검푸르게 짙다. 새삼 넓은 대자연에 내 한 몸이 작게 보이고 겸손해진다. 우주 영겁으로 볼 때, 나는 몹시 작고 내 평생이 잠깐 동안 아닌가. 그런데도 사람들은 저마다 자기가 대단한 양 으스대고 천년만년 살고자 한다. 찬 바닷바람과 짭짤한 바다냄새를 실컷 들이킨 뒤 객실로 돌아왔다. 객실은 혼자이기에 내 침대 구석자리에 놓은 짐들을 다른 침대에 옮겨 놓은 뒤 책을 펼쳤다. 그런데 눈은 자꾸만 유리창 너머 바다로 향했다.

내가 쓰고 있는 객실은 동춘호 오른편이라 배가 북상해 달리니까 일본 쪽만 바라보였다. 혹이나 북한 산하가 멀리서나마 보일까 다시 갑판 위에 올랐다. 하지만 동서남북 어디나 바다만 보일 뿐 아무리 살펴도 뭍은 보이지 않았다. 나중에야 보따리 무역상들을 통해 안 사실이지만 이명박 정부가 들어선 뒤 남북관계가 악화되자 동춘호 항로도 공해상으로 더 나가 북상하기에 북한 지역 뭍과는 거리가 더 멀어지고 항해시간도 더 길어졌다고 했다.

바다만 바라보기도 싫증이 나서 선내 시설을 한 바퀴 둘러보았다. 동춘호는 선장 132미터에 선폭 23미터 12,000여 톤으로 승객 600명을 실어 나른다고 하는데, 이날은 승객이 일백 명 남짓해 보였다. 대부분 여객선이 그러하듯 식당, 매점, 면세점, 전자오락실, 목욕탕 등이 한일 페리와 비슷했다. 배가 오래된 탓인지 한일 간을 오가는 카멜리온호보다 시설이 낡고 칙칙했다.

마침 저녁 식사시간이라 구내식당에서 밥을 먹고 스낵 코너를 지나는데 속초항 대합실에서 만난 보따리 무역상 여인이 친구와 얘기를 하다가 벌떡 일어나 반갑게 인사를 하고는 앞자리에 앉으라 하였다.

내가 앉자 그는 자기 친구를 소개시켰다. 그도 훈춘에 사는데 자기처럼 한국을 오가는 보따리 장사꾼이라고 했다. 그는 어찌나 큰소리로 "이분이 안중근 의사 유적지를 찾아가는 분이다"라고 나를 소개하는지 건너편 자리에 앉아 텔레비전을 바라보던 부인도 그 말을 듣고 우리 자리로 건너왔다. 세 사람이 모두 오늘이 안중근 의사 거사 100돌인 것을 뉴스를 통해 알았다고 하고는, 나에게 집중으로 질문했다. 먼저 남편이 블라디보스토크에서 목회를 한다는 목사 사모님이 물었다.

"안중근 의사가 거사할 때 몇 살이었습니까?"

"1879년생으로 그날이 1909년 10월 26일이니까 만 서른 살이었습니다."

"네에!? 겨우 서른 살 청년이 그런 큰일을 하다니요? 정말 놀랍고 장한 일입니다."

세 사람은 내가 대단한 역사학자라도 되는 듯 조선이 왜 망했는지, 일제강점기는 어땠는지 등을 꼬치꼬치 물었다. 나는 아는 대로 성의껏 답을 하자 그 세 사람은 미처 몰랐다는 듯 내 얘기에 감탄하면서, 굳이 커피까지 사다가 대접했다. 그런데 훈춘에 산다는 친구 되는 여자의 질문이 점차 예리해지고 현대사로 옮겨왔다.

"제가 연변에서 학교 다닐 때 배우기는 남조선은 미제 식민지라는데 선생님은 어떻게 생각하세요?"

"남쪽에 와서 보니까 그렇게 보였습니까?"

"그렇게 보이지 않더구먼요."

"그게 답입니다. 내 눈으로 본 것보다 더 정확한 답은 없지요. 아마도 한국에 미군이 주둔해서 그렇게 가르쳤던 모양인데 그렇게 현실을 자학적으로만 보고 한 눈으로만 판단하면 역사 발전이 없지요. 과거도 헤아리고, 현재도 보며, 미래도 생각해야지요. 나라도 국력이 강해지면 저절로 자주국이 되고, 개인도 종살이에서 벗어나 자립하기 마련 아닙니까?"

세 여인은 모두 고개를 끄덕이며 내 말에 공감하는 듯했다. 속초 대합실에서 만난 훈춘 여인이 스낵 코너 한 편에 있는 텔레비전에서 연속극이 나오자 간밤에 보지 못했다고 하면서 자리를 옮기는 바람에 선상 토론은 거기서 그쳤다. 다른 두 여인도 텔레비전 쪽으로 자리를 옮겼고 나도 객실로 돌아왔다.

배가 계속 북진하는데 비바람이 세찼다. 동해 바다의 너울은 허연 혓바닥을 내밀며 삼킬 듯이 여객선에 부딪쳤다. 침대에서 윗몸을 벽에 기댄 채 안중근의사기념관에서 펴낸 『대한의 영웅 안중근 의사』와 『안중근 의사 자서전』, 그리고 나와 친분이 매우 두터웠던 나명순 형이 안중근 거사와 순국 현장을 발품을 팔아 쓴 세계일보사 발간 『대한국인 안중근』을 펴들었다. 『대한의 영웅 안중근 의사』는 안중근 의사 생애 전반이 일목요연하게 약술돼 있어 좋았고, 『안중근 의사 자서전』은 안중근 의사를 깊이 이해하는데 필독서요, 『대한국인 안중근』은 이번 답사여행의 길잡이로 책장을 넘길 때마다 고인이 된 나명순 형의 얼굴이 떠올랐다.

안중근 행장 — 1

안중근은 1879년 9월 2일 황해도 해주 광석동 수양산 아랫마을에서 태어났다. 순흥(順興) 안씨로 고려 충렬왕 때 문신이요, 학자인 문성공(文成公) 안향(安珦)의 26대손이다. 할아버지는 진해 현감을 지낸 안인수(安仁壽) 공이었고, 아버지는 문명이 높았던 태훈(泰勳) 공이고, 어머니는 배천[白川] 조(趙)씨(세례명 마리아)로 3남 1녀 가운데 장남이었다.

안중근은 태어나면서부터 가슴과 배에 점 일곱 개가 있어 북두칠성(北斗七星)의 기운이 응(應)하였다 하여 자(字)를 응칠(應七)이라 불렀다. 안중근이 여섯 살 때인 1884년 아버지 안태훈이 김옥균(金玉均), 박영효(朴泳孝) 등 개화파가 일으킨 갑신정변에 연루되어 관직의 꿈을 접고 일가족을 이끌고 황해도 신천군 두라면 천봉산 밑 청계동으로 들어와 숨다시피 살았다. 그래서 안중근은 이 마을에서 소년시절을 보냈다. 안중근은 이곳 서당에서 9년 동안 한학(漢學)을 배웠는데, 그는 공부보다 활쏘기, 사냥 등 무예를 더 좋아했으며, 특히 승마와 사격술에 뛰어나 인근 마을에 이름이 자자했다. 이 무렵의 일을 안중근의 자서전 「안응칠 역사」에는 다음과 같

이 기록하였다.[1]

14세 되던 무렵에 조부 인수(安仁壽)께서 돌아가시므로, 나는 사랑하고 길러 주시던 정을 잊을 수 없어, 심히 애통한 나머지 병으로 앓다가 반년이나 지난 뒤에 회복되었다. 나는 어려서부터 사냥을 즐겨 언제나 사냥꾼을 따라 산과 들에서 사냥을 하며 다녔다. 차츰 장성해서는 총을 메고 산에 올라 새 짐승들을 사냥하느라고 학문에 힘쓰지 않으므로 부모와 교사들이 크게 꾸짖기도 했으나 끝내 복종치 않았다.

한 친구가 "너의 아버지는 문장으로 세상에 이름을 드날렸는데, 너는 어째서 장차 무식하고 천한 사람이 되려고 하는가" 하므로 나는 대답하기를 "네 말도 옳다. 그러나 내 말도 좀 들어 보아라. 옛날 초패왕 항우가 말하기를 '글은 이름이나 쓸 줄 알면 그만이다' 라고 했는데, 만고 영웅 초패왕의 명예가 오히려 천추(千秋, 오래고 긴 세월)에 남아 전한다. 나도 학문으로 세상에 이름을 드러내고 싶지는 않다. 항우도 장부요, 나도 장부다. 너희들은 다시 더 권하지 마라" 했다.[2]

안중근이 16세가 된 1894년 갑오년에는 동학혁명이 일어나 위정자의 반성과 각성을 촉구하는 갑오경장(甲午更張)을 가져왔다. 하지만 이를 계기로 청일전쟁이 일어나 한국은 청일 두 나라 싸움터가 되었다. 이때 지방 군현에서는 동학을 빙자한 무리들이 일어나 관리를 죽이고 약탈 행위가 끊이지 않자 안중근은 아버지와 함께 수

백의 장정들을 이끌고 관군을 도와 이를 진압하기도 하였다. 이러한 동학당 진압에 공이 큰 아버지가 이들로부터 빼앗은 전리품을 둘러싸고 중앙 관리에게 모함을 받았다. 이에 신변의 위협을 느껴 석 달 정도 명동 천주교회당에 몸을 숨겼는데, 이때 온 가족이 성서의 진리를 깨달아 천주교 신자가 되었다.

또한 이 무렵 안중근은 김홍섭(金鴻燮)의 딸 아려(亞麗)와 혼인하여 2남 1녀의 자녀를 두었다. 19세 때인 1897년에는 프랑스인 빌렘(홍석구) 신부로부터 영세를 받아 '도마'라는 세례명을 얻었고, 그에게 불어와 신학문도 배웠다. 이후 10년간 홍 신부와 황해도 일대를 순회하면서 복음 전파에 힘썼다. 안중근은 한국의 자주독립을 위해서는 우선 인재를 양성해야 한다고 생각했다. 그래서 홍 신부와 서울 천주교 최고 책임자인 프랑스인 뮈텔(민덕효) 주교를 만나 한국에 대학 설립 필요성을 강조하고 유럽 천주교 수사회(修士會)가 한국에 대학을 세워 달라고 도움을 요청하였다. 그러나 뮈텔 주교는 학문이 신앙에 방해가 될 뿐 아니라, 한국은 아직 대학 교육이 시기상조라고 거절하자 안중근은 천주교의 진리는 믿을지언정, 외국인은 믿을 것이 못 된다며 불어 공부마저 중단하기도 했다.

1904년 러일전쟁이 일어났다. 안중근은 한국과 만주의 분할을 둘러싼 이 전쟁이 한국으로서는 양국 어느 편이 승리한다 해도 결코 이로울 것이 없다고 생각했다. 그러나 일본은 1894년 청일전쟁 때와 마찬가지로 이번 전쟁도 한국을 청나라로부터 독립시키고 동양평화를 이룩하기 위한 것이라고 칙서(勅書, 왕이나 임금이 특정인에게 나라의 정책이나 뜻을 발표한 글)까지 발표했다. 그래서 안중근은 일본의 승리를 바랐지만 전쟁이 끝나자 오히려 일본은 한국의 독립을 보장하기는커녕 매국오적(이완용, 박제순, 이지용, 이근택, 권중현)을 앞세워 1905년 이른바 을사조약을 강제로 체결하여 한국을 일본의 보호국으로 만들어 버렸다.

이에 항의하여 조정에서는 시종무관장 민영환(閔泳煥)과 참판을 지낸 홍만식(洪萬植) 등이 자결하고, 장지연은 『황성신문』에 '시일야방성대곡(是日也放聲大哭)'이라는 글을 썼고, 전국 각지에서는 이 조약의 폐기를 요구하는 민중 봉기가 일어났다. 이해 겨울을 청계동에서 지내던 안중근은 을사늑약을 개탄하고 나라를 구하겠다는 일념으로 아버지와 상의한 뒤 한인들이 많이 살고 있는 중국 산동성 등지에 반일운동의 기지를 만들고자 상하이로 떠났다.[3]

일로전쟁(러일전쟁)이 일본의 승리로 끝난 뒤에 이토 히로부미(伊藤博文)가 한국으로 건너와서 정부를 위협하여 을사오조약을 강제로 맺어 삼천리강산과 이천만 인심을 뒤흔들어 (백성들이) 바늘방석에 앉은 것 같이 되었다. 이런 일을 당하자 아버님께서는 마음의 울분을 참지 못하여 병이 더욱 깊어졌다. 나는 아버님과 은밀히 상의하였다.

"일본과 러시아가 개전할 당시에 일본의 선전 포고문 가운데는 동양의 평화를 위하고 한국의 독립을 굳건히 하겠다는 말이 있습니다. 그런데 이제 와서 일본이 그 같은 신의를 저버리고 야심적인 책

략만을 자행하고 있으니, 이는 모두 이토의 정략 때문입니다. (그들은) 먼저 강제로 조약을 체결하고, 다음으로 뜻 있는 선비 무리를 없앤 뒤에 강토를 삼키려는 것이 현재 나라를 망치는 새로운 수법입니다. 그러므로 만일 속히 계획을 세우지 않으면 큰 화를 면하기 어려울 것인데, 어찌 손을 놓은 채 아무 방책도 없이 앉아서 죽기를 기다리겠습니까? 그러나 이제 의거(義擧)를 일으켜 이토의 정책을 반대한들 (군사력의) 강약이 같지 않으니 부질없이 (우리 의병만) 죽을 뿐, 아무 이익이 없을 것입니다. 요즘 들리는 말에 따르면 청나라 산둥(山東)과 상하이(上海) 등지에 한국인이 많이 살고 있다고 하니, 우리 집안도 모두 그곳으로 옮겨 살다가 앞뒤 방책을 꾀해보는 것이 어떻겠습니까? 제가 먼저 그곳으로 가서 살펴본 뒤에 돌아올 테니 아버님께서는 그동안에 몰래 짐을 꾸려 식구들을 데리고 진남포로 가서 기다리시다가 제가 돌아온 다음에 다시 의논해서 결행하는 것이 어떻겠습니까?"

이렇게 부자 사이에 계획이 정해졌다.[4]

상하이에 도착한 안중근은 우연히도 황해도에서 오랫동안 선교활동을 같이한 프랑스인 르각(곽원량) 신부를 만나 그의 조언으로 국권회복을 위하여 일단 애국계몽운동을 하기로 하였다. 그해 12월 고향으로 돌아온 안중근은 아버지가 돌아가신 것을 알고 장남으로 정성을 다하여 장례를 다시 올리고 나라의 앞날을 염려하던 아버지의 뜻을 받들어 육영사업에 헌신하기로 결심했다.

1906년 3월, 안중근은 가산을 정리한 뒤 청계동을 떠나 진남포로 이주하여 삼흥(三興)학교와 돈의(敦義)학교를 세우고 교장에 취임하였다. 안중근은 교육입국(教育立國, 교육을 통하여 나라를 튼튼하게 세움)에 힘쓰는 한편, 안창호(安昌浩), 이준(李儁)과 같은 애국지사를 초청하여 강연회를 여는 등, 애국계몽운동에 온 힘을 쏟았다. 다른 한편 안중근은 대구의 서상돈(徐相敦)이 일으킨 국채보상운동에도 적극 선도하여 평양에서 그 취지를 여러 백성들에게 권고하고 자신 가족부터 솔선수범하기로 결정, 금은반지·장신구·비녀 등을 헌납하기도 하였다.

1907년 7월 헤이그 밀사사건이 일어났다. 일본은 이 사건을 빌미로 초대 조선통감인 이토 히로부미가 고종 황제를 강제 퇴위시키고, 한일신협약(정미조약)을 강요하며 군대를 해산시켰다. 그런가 하면 산림과 광산, 철도를 빼앗는 등, 한국의 식민지화를 강력하게 추진하면서 한일 완전 병탄 계획을 은밀히 실행에 옮기고 있었다.

이런 일본의 통감정치에 조국의 운명이 바람 앞에 촛불처럼 놓이게 되자 안중근은 마침내 "교육으로는 백년대계는 가능하되, 당장 망해 가는 나라를 구할 수 없다"는 결단을 내렸다. 안중근은 국내 투쟁의 한계를 느끼고 해외 망명의 길을 떠났다. 그해 가을 안중근은 연해주로 가고자 원산에서 청진행 배에 올랐다. 청진에서 일본 경찰의 경계가 삼엄하자 블라디보스토크로 가는 바닷길을 포기하고 육로를 택해 간도로 잠입했다. 그때 안중근은 29세였다.[5]

마지막 여행

제2일 2009년 10월 27일

01:00, 배의 롤링(흔들림)이 몹시 심해 잠이 깼다. 시계를 보니 막 1시를 넘고 있었다. 그새 두어 시간 눈을 붙인 셈이다. 화장실을 다녀온 뒤 스낵 코너로 가자 두 그룹의 승객들이 한쪽에서는 포커판이요, 다른 한쪽에서는 마작에 빠져 곁눈질도 하지 않았다. 몇 승객들은 배의 롤링에 맞춰 흔들리면서 텔레비전 시청에 넋을 잃고 있었다.

문을 열고 갑판으로 나가자 바다는 온통 검은 너울이 넘실거린 게 무서웠다. 하늘에는 상현달이 구름 속에 잠겨 뿌옇게 비쳤다. 왼편 북녘 산하는 먹빛이었다. 두꺼운 파카를 입었지만 밤바다 바람이 차고 강했다. 다시 객실로 돌아와 잠을 청했다. 배의 롤링에 메스꺼워졌다. 마침 가방에 아내가 챙겨 준 사탕이 있기에 그걸 꺼내 입에 넣고 우물거렸다. 메스꺼움이 조금은 가라앉는 듯했다. 이번 답사길은 아내가 유독 배 대신 비행기를 타고 가라고 일러도 끝내 듣지 않았다. 가장 낮은 자세로 역사의 현장을 답사하며 가능한 안중근 의사가 이용했던 교통기관을 그대로 이용하면서 그분의 발자취를 더듬고 싶었다.

지난 2008년 3월 하순, 호남의병전적지 답사가 마무리 될 즈음 눈빛출판사 이규상 대표가 승용차에다 안중근 자료를 한 상자 싣고서 그 무렵 내가 살고 있던 강원 산골 안흥 말무더미 마을로 찾아왔다. 그는 나에게 2009년 10월

26일이 안중근 의거 100주년이 되니 그때를 맞춰 출간할 수 있도록 안중근 평전을 부탁했다. 나는 얼떨결에 분수도 모른 채 승낙하고는 자료들을 두루 살피면서 역사학자도 아닌 내가 평전을 쓰기에는 부담이 갔다.

늙은 여우 이토 히로부미가 노익장을 과시하면서 드넓은 만주조차도 삼키고 싶은 야욕으로 일본을 떠나 다롄과 뤼순을 거쳐 창춘에서 하얼빈행 열차를 타고 거침없이 달렸다. 또 다른 하얼빈행 열차는 조국을 위해, 동양의 평화를 위해 이토 히로부미를 기어이 당신 손으로 처단하겠다고 권총을 가슴에 품은 안중근을 태운 채 달렸다. 두 열차는 서로 피할 수 없는 단선이었다. 이 두 열차는 끝내 하얼빈에서 일대 충돌, 한국, 중국, 일본, 러시아뿐만 아니라 세계를 놀라게 했다. 그리고 두 사람 모두 당신 나라를 위해 장렬히 산화한 마지막 여행이었다.

이런 우리 근대사의 큰 흐름을 산골에 앉아 자료만 뒤척이며 안중근 의사를 그린다는 것이 불경스럽기도 하거니와 이미 출판된 책의 아류작이 될 것 같아 역사 현장을 답사하기로 방향을 바꿨다. 그런데 안중근 의사의 발자취를 더듬는 일이 만만치 않았다. 현실적으로 갈 수 없는 북한 지역은 그만두고라도 연해주 일대와 다롄, 뤼순은 내가 아직 가보지 않은 곳이 아닌가.

특히 연해주는 러시아 땅으로 언어도 전혀 통하지 않는 나라요, 아는 이도 전혀 없었다. 거기다가 답사 비용도 만만치 않을 듯했다. 곰곰 생각하다가 4년 전 중국 동북일대 항일유적지답사에 길잡이 역할을 했던 한 방송국(안동 MBC)에 동행 제작 의사를 타진하자 즉각 좋은 기획이라고 흔쾌히 수락하여 제작진과 만나 세부 계획을 세웠다.

마침 내 계획을 알고 있던 의병선양회 조세현 부회장이 안중근의사기념관 김호일 관장을 연결시켜 줘서 찾아뵙고는 유적지 답사여정을 말씀 드렸다. 김 관장은 당신이 아는 바로는 안중근 의사의 발자취를 그대로 따라 답사하여 쓴 책은 없는 걸로 알고 있다고 하면서 매우 좋은 기획이라고 과찬을 하기에, 그 참에 길안내를 간청하자 어렵게 동행을 허락해 주셨다. 방송국 측에서는 나에게 대본까지 부탁해 그걸 쓰면서 출국을 기다리던 차, 갑자기 방송국 측의 사정으로 계획이 무산돼 망연자실했다.

그런 나에게 김호일 관장은 마침 '2009 청년 안중근 유적답사 대학생 해외탐방단'에 동행하자고 권유하기에 거기에 참여키로 하고 2009년 7월 12일 출국을 기다리는데 일주일 전 갑자기 심장에 바늘을 찌르는 듯한 통증이 왔다. 횡성의 한 병원에 갔더니 큰 대학병원으로 가보라고 하여 아무래도 대학생 해외탐방단 동참은 일행에게 피해를 끼칠 것 같아 최종 확인 단계에서 불참을 통보했다. 서울의 한 대학병원에서 여러 검사를 하고 통원 치료하였더니 심장의 통증은 멎었다. 하지만 이미 탐방단은 출국한 뒤라 단념하고는 다른 작품에 매달렸다.

9월 하순, 그 작품을 탈고하고 나자 안중근 의사 자취를 쫓고 싶은 충동이 불같이 일어났다. 2009년 10월 26일이 의거 꼭 100주년 기념일이기에 10월 중순쯤 출국하여 일백 년 전 그날 그 시각을 하얼빈역에서 맞고 싶었다. 김호일 관장을 만나 연해주 일대의 아는 분을 소개받고, 또 연해주 방면 전문 여행사를 소개받아 국제전화와 메일로 안내인과 일정을 조정하고 중국, 러시아 비자를 받는데 열흘 이상 걸려 도저히 그 날짜에 맞출 수 없었다. 그래서 그 대안으로 출발일을 10월 26일로 정하고 속초에서 자루비노행 동춘호에 승선한 것이다.

03:00, 다시 잠이 깼다. 객실이 추운 탓으로 새우잠을 자 온몸이 찌뿌드드했다. 운동 겸해 선내를 돌다가 갑판으로 나갔다. 여전히 동해 바다는 검은 너울이 출렁거렸고 하늘에는 엷은 구름으로 뿌연 상현달이 배를 따르고 있었다. 북녘 산하를 바라보니 까마득히 불빛이 가물거렸다. 거리나 시간상으

로 보아 성진(김책)항 앞바다를 항해하는 듯했지만 항로 이동 지도도 없을 뿐더러 깊은 밤이기에 누구에게 물을 수도 없는 일이다. 배는 큰 너울의 검은 파도를 헤치며 북한 공해를 지나 마냥 북쪽으로 스멀스멀 헤쳐 나갔다.

고은 시인의 절규처럼 "일백 년 전 하나였던 … 일백 년 후 어찌 하나 아니겠냐는 것 …" 그 언젠가는 다시 분단된 나라가 하나로 합칠 날이 반드시 올 것이다. 그때는 오늘을 조국 분단시대로 나눌 것이다. 이 시대를 사는 글쟁이의 역사관은 어느 것이 옳을까.

새벽 바다 이슬을 함초롬히 맞으며 바다 건너 머나먼 조국 쪽을 바라보다가 다시 객실로 돌아왔다. 어제 일정도 빡빡했지만 오늘 일정도 벅찰 것이다. 파카를 입은 채 침대에 누워 억지로 눈을 붙였다.

06:00, 아침 식사를 안내하는 선내방송에 잠이 깼다. 밖은 여태 어둑새벽으로 동녘은 여명으로 밝아왔다. 답사여행에서는 잘 먹고 잘 자는 게 건강 유지 비결이다. 구내식당에 가자 아침 메뉴는 된장국이다. 맛이 좀 그랬지만 야무지게 먹어두었다. 점심은 어떻게 될지 모르지 않는가. 아침밥을 먹고 난 뒤 세면도구를 챙겨 샤워장으로 갔다. 뜨거운 물로 몸을 닦자 피로가 가신 듯하다. 객실로 돌아오자 졸음이 왔다. 이보다 반갑고 고마울 수가….

자루비노항에 상륙하다

　11:30, 눈을 떠보니 밖은 환한 대낮이었다. 객실 창으로 보니까 육지가 보였다. 그 육지가 북한인지 러시아인지 정확히는 모르겠으나 카메라 망원렌즈로 보니까 앵글에 잡힌 마을 풍경이 북한 같지는 않았다. 몇 해 전 평양에서 묘향산으로, 그리고 삼지연에서 백두산까지 차를 타고 가면서 북한 산하와 마을을 유심히 살핀 적이 있기에 그로 미루어 보면 그곳은 이미 북한 땅은 지나친 듯했다.

　멀리서나마 청진 나진항을 비롯하여 두만강 어귀도 보고 싶었는데 그만 모두 놓쳐 버렸다. 하지만 이곳을 자주 오가는 승객들의 말로는 최근에는 항로가 뭍에서 더 먼 공해상으로 변경하여 북녘 산하를 바라볼 수 없고, 항해 시간도 한두 시간 더 걸린다고 했는데 그만 늦잠을 자는 바람에 이를 다 놓쳤다. 러시아령인 듯하여 휴대폰을 꺼내 마중 나오기로 한 현지 안내인의 전화번호를 눌렀다. 그는 바다여행사 이우택 대표 소개로 알게 된 블라디보스토크 양정진 영사가 주선해 준 조경제 씨다. 출국 전 한국에서 두어 번 통화한 적이 있었다. 공해상을 벗어난 듯 다행히 신호가 가고 곧바로 전화가 연결됐다.

　"안녕하세요. 한국에서 답사 온 박도입니다."

　"네, 안녕하세요. 조경제입니다."

　"곧 입항할 모양입니다."

동춘호에서 바라본 자루비노항으로, 매우 궁벽해 보였다.

'크라스키노' 지명을 알리는 도로 표지판.

"네, 저도 지금 자루비노항에서 배가 들어오는 걸 지켜보고 있습니다."

"거긴 몇 시입니까?"

"오후 1시입니다."

한국과는 꼭 1시간 차였다.

"입항 후 봅시다."

"그럽시다. 그런데 제가 입국장에까지 갈 수 없으니까 수속을 마친 뒤 좌측으로 걸어 부두 밖까지 나와 주세요."

폴더를 닫고 손목시계의 시침을 12시에서 1시로 돌렸다. 13시 20분 동춘호에서 내렸다. 지루비노 입국장은 허허벌판에 우중충한 창고 같은 건물이 세워져 있는 게 꼭 한국전쟁 직후의 모습이었다.

짙은 초록빛 군복을 입은 러시아 남녀 군인들이 근엄하게 서서 수신호로 교통정리를 하는데 그 제복에 나는 그만 겁을 먹고는 카메라 셔터를 누르지 못하였다. 몇 해 전 조중 국경지대인 단둥에서 압록강을 촬영하다가 중국 공안에게 걸려 된통 혼난 전력이 있었기 때문이었다. 그런데 이번에는 중국 공안보다 더 무섭다는 러시아 군인들이 아닌가.

입국 수속을 마치고 밖으로 나오자 대부분 승객들은 입국장 정류장에 서 있는 훈춘행이나 블라디보스토크행 버스에 올랐다. 하지만 그곳에 조경제 씨가 없었다. 그런데 거기서부터 갑자기 내 손전화가 불통이었다. 차들이 빠져나가는 진흙길을 1킬로미터 가량 무거운 짐을 들거나 끌고서 끙끙거리며 나가자 자루비노 항만 사무실이 나오고 거기 정문에서 10여 명의 사람이 배에서 내린 승객들을 기다리고 있었다. 거기에 있던 조경제 씨가 나를 먼저 알아보고 손을 내밀었다.

"오시느라 고생 많았습니다."

"반갑습니다."

그때가 오후 1시 50분이었다. 날씨는 더없이 쾌청했다. 그 일대를 둘러보자면 아무래도 시간이 부족하다는 데 의견을 같이하고는 그의 차에다 짐을 싣고는 점심도 생략한 채 크라스키노 마을로 달렸다.

엔치야 하리 마을

10월 하순이지만 연해주 일대는 벌써 초겨울이었다. 언저리 나무들은 이미 잎들이 죄다 떨어져 앙상했고 풀도 초록을 모두 잃고 있었다. 텅 빈 들판의 아스팔트길을 달리자 지명을 알리는 러시아 문자 도로 표지판이 먼 나라임을 일깨워 주었다.

"1946년생 개띠입니다."

"1945년생 닭띠입니다."

내가 그보다 한 살 위였다. 그는 우리말이 아주 유창했다. 경상도 말씨였는데 나보다 더 원음에 가까웠다. 중국 헤이룽장성 일대 조선족을 만나면 억센 경상도 발음이 그대로 남아 있었다. 그들 선조가 모두 경상도 사람들이기에 그대로 전해져 온 탓이었다.

크라스키노 마을 어귀에 접어들자 그는 남양 알로에 현지관리인 허영문 씨에게 전화를 걸었다. 안중근이 한때 머물며 의병활동을 한 엔치야(煙秋, 현 추카노프) 하리 마을과 동지들과 약지를 끊은 것을 기념한 '단지동맹유지' 비를 안내받기 위해서였다. 안내인 조씨는 허씨가 마을 슈퍼 앞 빈터에서 만나자고 했다면서 거기로 갔다. 곧 허씨가 승용차를 몰고 빈터로 왔는데 우리에게 자기 차로 옮겨 타라고 했다. 허씨는 핸들을 잡고는 최근 이 일대에 국경 경비가 강화된 현지 사정을 이야기했다.

안중근이 머물었던 엔치야 하리 마을과 단지동맹비가 서 있는 일대는 최

핫산 기념탑에서 바라본 크라스키노 전경.

근에 외국인 출입이 제한된 국경지대로, 이곳을 방문하려면 미리 주둔 군부
대에 사전허가를 받아야 한다는 것이다. 그래서 그는 사흘 전에 양 영사로
부터 나의 여권 복사한 것을 팩스로 받아 러시아 주둔 군부대로 갔으나 공교
롭게도 담당 군무관이 임무교대로 자리가 빈 공백 기간이라 허가를 받지 못
하였다고 했다. 하지만 여기까지 와서 그냥 돌아갈 수 없으니 엔치야 하리
마을이 보이는 핫산 기념탑이 있는 마을 뒷산 정상과 불법이지만 단지동맹
비는 바로 자기 농장 앞에 있기에 당신 차로 안내하겠다고 했다.

　곧장 마을 뒷산에 오르자 산 정상에는 핫산의 영웅을 기리는 기념탑이 높
다랗게 서 있었다. 거기서는 사방이 일망무제로 훤히 다 보였다. 동쪽으로
는 멀리 태평양이 보였고, 동남쪽 가물거리는 곳이 두만강 하구요, 남서쪽
가로막은 산 너머가 북한이라고 하며, 그 산 아래가 바로 한때 안중근이 의

단지동맹유지비가 있는 남양 알로에 농장으로 가는 길섶에 서 있는
국경지대 출입제한 경고문 표지판.

병 활동을 한 본거지 엔치야 마을이라고 했다. 원래 이 마을은 조선시대에
백성들이 기아와 학정을 피해 몰래 국경을 넘어 옹기종기 모여 살았던 마을
이었다. 1937년 스탈린의 조선인 강제이동으로 폐허가 되다시피 방치되었
다가 그 뒤 러시아인들이 다시 개척한 마을로, 지금은 한인들이 살고 있지
않다고 했다. 하지만 일백 년 전 1910년 전후로 이 마을은 의병들과 독립지
사의 근거지로 안중근, 홍범도, 이범윤, 이위종, 이상설, 최재형 등 수많은
애국지사들이 거쳐 간 마을이었다.

안중근 행장 — 2

그때(1907년 가을) 나는 바삐 행장을 차려 가지고 북간도로 가니 그 곳에도 또한 일본 병정들이 막 와서 주둔하고 있어서, 도무지 발을 붙일 곳이 없었다. 그래서 서너 달 동안 각 지방을 시찰한 다음, 다시 그곳을 떠나, 러시아 영토로 들어가 엔치야(烟秋)란 곳을 지나, 해삼위(海蔘威, 블라디보스토크)에 이르니, 그 항구 안에는 한인 4, 5천 명이나 살고 있었고, 학교도 두어 군데 있었으며, 청년회도 있었다.[6]

안중근은 연해주 일대에 머물면서 의병 조직에 참여하여 이범윤(李範允), 김두성(金斗星)[7] 등과 의병을 양성하고, 다음해 30세 되던 1908년 봄 김두성을 총독, 이범윤을 대장으로 대한국 의군(義軍)을 창설하여 안중근은 참모중장(參謀中將)에 선임되어 독립특파대장의 임무를 띠고 치열한 항일의병 투쟁에 나섰다.[8]

그때 김두성과 이범윤 등이 모두 함께 의병을 일으켰는데 그 사람들은 전일에는 이미 총독과 대장으로 피임된 이들이요, 나는 참모중장 직책으로 피선되어 의병과 군기 등을 비밀히 수송하여 두만강 근처에서 모인 다음 큰일을 모의하였다. 그때 나는 (의병들에게) 이런 말을 했다.

"지금 우리 병력은 2, 3백 명밖에 안 된다. 적은 강하고 우리는 약하니 적을 가벼이 여겨서는 안 된다. 더구나 병법에 이르기를 '아무리 백 번 급한 일이 있다 하여도 반드시 만전의 방책을 세운 다음에 큰일을 꾀해야 한다'고 했다. 이제 우리들이 한 번 거사로 성공을 거둘 수 없다는 것은 분명한 일이다. 그러므로 한 번에 이루지 못하면 두 번, 두 번에 이루지 못하면 세 번, 그렇게 네 번, 열 번에 이르고, 일백 번을 꺾어도 굴함이 없이, 올해에 못 이루면 내년에 도모하고, 후년, 내후년, 그렇게 십년, 백년까지 가도 좋다. 만일 우리 대에 목적을 못 이루면 아들 대, 손자 대에 가서라도 반드시 대한국의 독립권을 회복하고야 말리라는 각오가 있어야 한다. 그렇게 해서 기어이 앞에 나가고, 뒤에 나가고, 급히 나가고, 더디 나가고, 미리 준비하고, 뒷일도 준비하고, 모두 준비하기만 하면 반드시 목적을 이룰 수 있을 것이다."[9]

그해(1908년) 7월 안중근 참모중장은 의병 200여 명을 이끌고 두만강을 건너 함경도 경흥에서 일본 군경과 세 차례 교전 끝에 50여 명을 사살하고 일군 주요기지인 회령으로 진격하여 3,000여 명의 일본 수비군을 격퇴하는 등, 13일 동안 30여 차례 교전하기도 했다. 안중근은 이때 잡은 포로들을 국제공법과 인도주의에 입각하여 석방하였으나 의병들 가운데 반론을 제기해 곤욕에 빠지기도 했다.

그때 여러 장교를 거느리고 부대를 나누어 출발하여 두만강을 건너니 때는 1908년 6월이었다. 낮에는 숨고 밤에는 걸어 함경북도에 이르러 일본 군사와 몇 차례 충돌하여 피차간에 혹은 죽거나 상하고, 혹은 사로잡힌 자도 있었다. 그때 일본군인과 장사치로 사로잡힌 자들을 불러다가 물었다.

"너희들은 모두 일본국 신민들이다. 그런데 왜 천황의 거룩한 뜻을 받들지 않고, 또 일로전쟁(러일전쟁)을 시작할 때 선전 포고문에 동양평화를 유지하고 대한독립을 굳건히 한다 해 놓고는 오늘에 와서 이렇게 다투고 침략하니 이것을 평화독립이라 할 수 있겠느냐? 이것이 역적 강도가 아니고 무엇이냐?"

그들이 눈물을 떨어뜨리며 대답하기를,

"우리들의 본심이 아니요, 부득이한 사정으로 나온 것이 사실입니다. 사람이 세상에 나서 살기를 좋아하고 죽기를 싫어하는 것은 한결같은 마음인데, 더구나 우리들이 만 리 바깥 싸움터에서 참혹하게도 주인 없는 원혼들이 되게 되었으니 어찌 통분치 않겠습니까? 오늘 이렇게 된 것은 다른 때문이 아니라, 이것은 모두 이토의 잘못 때문입니다. 이토는 천황의 거룩한 뜻을 받들지 않고, 제 마음대로 권세를 주물러서, 일본과 한국 두 나라 사이에 귀중한 생명을 무수히 죽이고, 저는 편안히 누워 복을 누리고 있으므로, 우리들도 분개한 마음이 있건마는, 사세가 어찌할 수 없어 이 지경에까지 이르렀습니다. 그러나 옳고 그른 역사 판단이 어찌 없겠습니까? 더구나 농사짓고 장사하는 백성들로 한국에 건너온 사람들이 더욱 어려움을 겪고 있습니다. 이같이 나라에 폐단이 생기고 사람들이 고달픈데, 전혀 동양 평화를 돌아보지 아니할뿐더러, 일본이 편안하기를 어찌 바랄 수 있겠습니까? 그러므로 우리들이 비록 죽기는 하나 통탄스럽기 그지없습니다" 하고 말을 마치고는 통곡하기를 그치지 아니했다.

내가 말하기를 "그대들의 말을 들으니 과연 충의로운 사람들이라 하겠다. 그대들을 놓아 보내 줄 것이니, 돌아가거든 그와 같은 난신적자(亂臣賊子, 나라를 어지럽히는 불충한 무리)를 쓸어 버려라. 만일 또 그와 같은 간사하고 음흉한 무리들이 까닭 없이 동족과 이웃나라 사이에 전쟁을 일으키고 침해하는 말을 하는 자가 있거든 모조리 쫓아가 쓸어 없애라. 그렇게 하면 열 명이 되기 전에 동양 평화를 꾀할 수 있을 것이다. 너희들이 능히 그렇게 할 수 있겠는가" 하였다.

그들은 기뻐 날뛰며 그렇게 하겠다고 하므로 곧 풀어 주었다. 그러자 그들이 "우리들이 군기 총포를 가지고 가지 않으면 군율을 면하기 어려울 것인데, 어떻게 하면 좋겠습니까" 하므로, 나는 "그러면 곧 총포를 돌려주마" 하고는 다시 이르기를 "너희들은 속히 돌아가서, 뒷날에도 사로잡혔던 이야기를 결코 입 밖에 내지 말고 삼가 큰 일을 꾀하라" 했더니 그들은 천번만번 감사하면서 돌아갔다.[10]

안중근이 이런 결정을 내린 까닭은 전국 13도 연합의병부대인 13도 창의소에서 대한제국 의병은 일본과의 전쟁에 만국공법을 충실하게 지키라고 선언했기 때문이었다. 하지만 안중근의 포로 석방 결정에 여러 의병들이 격렬하게 비난했다.

"저 적들은 우리 의병을 사로잡으면 남김없이 참혹하게 죽일 것입니다. 우리들은 적을 죽일 목적으로 이곳에 와서 풍찬노숙을 해가면서 적을 애써 사로잡는데 대장께서 그들을 놓아 준다면 이 얼마나 어리석은 짓입니까?"

"그렇지 않다. 적이 우리 의병에게 그렇게 폭행을 일삼는 것은 하느님과 사람들이 다함께 노하는 것인데, 이제 우리마저 야만 행동을 하고자 하는가. 또 일본의 4천만 인구를 모두 다 죽인 뒤에 국권을 회복하려는 계획인가? 상대를 알고 나를 알면 백번 싸워 백번 이기는 것이다. 이제 우리는 약하고 저들은 강하니 악전(惡戰)할 수는 없다. 뿐만 아니라 충성된 행동과 의로운 거사로써 이토의 포악한 정략을 성토하여 세계에 널리 알려서 열강의 동정을 얻은 다음에라야 한을 풀고 국권을 회복할 수 있을 것이니, 그것이 이른바 약한 것이 강한 것을 물리치고 어진 것으로써 악한 것을 대적한다는 것이다. 그대들은 부디 여러 말을 하지 말라."

안중근은 의병 동지들과 부하들을 간곡히 타일렀다. 하지만 의병들의 논란이 들끓으며 따르지 않았고, 의병 동지 가운데 일부는 부대원을 이끌고 멀리 가 버리는 자도 있었다.

그 며칠 뒤 안중근 의병부대는 일본군의 습격을 받아 4-5시간 격전을 치렀다. 날이 저물고 폭우가 쏟아져서 지척을 분간하기 어려웠다. 장졸들이 이리저리 분산하여 얼마나 죽고 살았는지 헤아리기

조차 어려웠으며 형세가 어쩔 길이 없어 수십 명과 함께 숲속에서 밤을 지냈다. 그때 의병들은 이틀이나 먹지 못해 굶주린 기색이 역력했고, 제각기 살려는 생각만 가지는 것이라 그 지경을 당하고 보니 안중근은 창자와 간담이 찢어지는 것만 같았다. 그럴 때는 흔들리는 부하들에게 다음의 시로 격려했다.

사나이 뜻을 품고 나라 밖에 나왔다가
큰일을 못 이루니 몸 두기 어려워라
바라건대 동포들아 죽기를 맹세하고
세상에 의리 없는 귀신은 되지 말게.
男兒有志出洋外 事不入謀難處身
望須同胞誓流血 莫作世間無義神

이 전투에서 안중근 의병부대는 폭우가 쏟아지는 악천후에 탄환이 떨어지고 부하들도 흩어져 수적 열세로 참패하고 풀뿌리와 나무껍질로 연명하면서 장마 속 산길을 헤맨 끝에 한 달 만에야 구사일생으로 연해주 본영으로 돌아왔다. 천만번 생각해도 하늘의 도움이 아니었다면 도저히 살아 돌아올 수 없는 일이었다.

국내 진공에서 귀환 후 안중근을 가슴 아프게 한 것은 동포들의 냉대였다. 일본군 포로 석방이 의병부대가 기습받은 요인이었다는 비난을 피할 수 없었다. 안중근은 패전지장으로 할 말을 잃었다. 안중근은 엔치야 본영에서 10여 일 묵으면서 몸과 마음을 추스른 뒤 블라디보스토크, 하바로프스크 등지를 다니며 동포들을 만나 의병을 조직하거나 교육사업을 벌였다. 그런 가운데 어느 날 안중근은 아무도 없는 산골짜기를 지날 때 갑자기 흉한 6-7명에게 붙잡혔다. 이들은 일진회(一進會)의 무리들로 본국에서 이곳으로 피난해 와서 사는 놈들이었다. 그들이 "의병대장을 잡았다"며 안중근을 죽이려 하자 "너희들이 나를 죽이면 뒷날 우리 동지들이 너희들을 모조리 죽여 버릴 것이니 알아서 하라"고 윽박지르자 슬그머니 풀어 줘서 또 한 번 죽음의 고비를 넘겼다. 이렇듯 안중근 참모중장의 의병 투쟁은 어려울 때가 많았다.[11]

단지동맹유지비

 한국에서 이곳을 별러 올 때는 엔치야 마을뿐 아니라 이 일대를 샅샅이 답사하고 가능한 북한과 가까운 국경지대에까지 가서 안중근이 국내 진공작전을 수행한 두만강과 북한 함경도의 경흥도 카메라에 담고 싶었는데, 더 이상 가지 못하고 크라스키노 뒷산 정상에서 사방을 조망하는 것으로 답사를 마무리하려니 못내 아쉬웠다.

 윤병석 교수에 따르면, 한인들이 러시아 연해주로 이주하기 시작한 시기는 1863년 13가구가 두만강을 건너 지신허(地新墟) 마을에 정착한 때부터라고 했다. 이주 초기에는 함경도와 평안도의 가난한 농민들이 주를 이루었다. 그들이 국경을 넘어 이 마을로 이주하게 된 직접적인 동기는 잇단 흉작과 조선 왕조 말 부패관리들의 가렴주구(苛斂誅求, 백성들의 세금을 가혹하게 거두어들이고 무리하게 재물을 빼앗음) 때문이라고 했다. 그들의 뒤를 이은 한인들의 러시아령 연해주 이주는 해마다 급증하여 1900년을 넘으면서 몇만을 헤아렸고, 나라를 빼앗긴 1910년대에는 10만 명이 넘었으며, 1919년 3·1운동 무렵에는 몇십만 명이 이 일대에 북적거렸다고 한다. 그들 대부분 일제 학정을 피해 온 백성들로, 1905년 을사늑약 이후 연해주 일대는 조국 독립운동의 해외 중요기지로 발전하여 한국독립운동사의 새 장을 열었다고 한다. 아쉬운 마음을 달래며 핫산 기념탑 언저리에서 그 일대를 부지런히 카메라에 담는데, 망원렌즈를 조씨 차에 두고 온 게 큰 실수였다. 거기

안중근 의사가 머물렀다는 엔치야 하리 마을을 보고자 먼 길을 달려왔지만 눈앞에 두고도 가지 못하고
핫산 기념탑에서 망원렌즈로 담았다. 산 너머가 북한 땅이다.

서 엔치야 마을은 원거리로 카메라에 잘 잡히지 않았다.

다음 답사할 곳은 '단지동맹유지' 비로 허영문 씨는 거기로 가는 길섶에 서
있는 국경 출입금지 푯말 앞에 잠깐 차를 세웠다. 푯말에는 이 일대는 외국
인 출입이 제한된 국경지역으로, 이곳을 방문하려면 미리 군부대에 사전허
가를 받아야 한다는 내용이었다. 거기서 오백 미터쯤 더 달리자 남양 알로
에 농장 건물이 나왔고, 그 앞에 단지동맹비가 서 있는데 러시아인 한 가족
이 그 비 언저리를 맴돌고 있었다.

허씨는 여기 주민들은 낯선 사람을 보면 즉시 군부대에 신고를 한다고 하
면서 곧장 단지동맹비로 가지 않고 우리를 자기 농장으로 데려갔다. 남양
알로에 농장은 엄청 넓었는데 마침 까마귀 떼가 온 들판을 가득 메웠다. 난
생 처음 보는 신기한 장면을 카메라에 담는 새 단지동맹유지비 언저리를 서

단지동맹유지비

성거리던 러시아인들이 사라지자 우리 일행은 길 건너 단지동맹유지비로 갔다. 불쑥 눈물이 핑 돌았다. 당당한 독립국으로 대한민국 여권을 가지고 와 내 조상 유적지를 찾는데도 이렇게도 복잡하고 마음을 조이면서 참배해야 하는데 일백 년 전 나라를 잃고 몰래 이 땅에 와 살았던 우리 조상들의 고초가 어떠하였을까? 나는 단지동맹유지비 앞에서 깊이 고개를 숙였다. 화강암 앞면에는 동판을 붙여 녹색 바탕에 다음의 비문을 새겨 두고 있었다.

단지동맹유지
1909년 2월 7일 안중근 의사를 비롯한 결사동지 김기용, 백규삼, 황병길, 조응순, 강순기, 강창두, 정원주, 박봉석, 유치홍, 김백춘, 김천화 등 12인은 이곳 크라스키노(엔치야 하리) 마을에서 조국의 독립과 동양의 평화를 위하여 단지동맹하다. 이들은 태극기를 펼쳐 놓고 각기 왼손 무명지를 잘라 생동하는 선혈로 대한독립이라 쓰고 대한국 만세를 삼창하다. 광복회와 고려학술문화재단은 2001년 10월 18일 러시아 정부의 협조를 얻어 이 비를 세우다.

다시 처음 만났던 곳으로 돌아오는 길에 허씨는 크라스키노에서 훈춘으로, 엔치야 마을로 가는 삼거리 지점에 차를 세웠다. 거기가 2001년 10월 단지동맹유지비를 처음 세웠던 장소라고 했다.

안중근이 애초 단지를 한 곳은 1909년 2월 7일 엔치야 하리 마을 김씨성을 가진 여관이라고 하지만, 그곳은 오지로 교통이 불편하여 이곳에다가 세웠다는데, 이는 훈춘으로 가는 관광객이나 답사단이 참배하기 좋게 함이었다. 하지만 비를 세운 뒤 마을 아이들이 단지동맹유지비에 돌을 던지는 등 마구 훼손하고 비 옆이 냇가로 여름 장마철에는 물에 잠길 우려도 있었다. 더욱이 블라디보스토크 영사관에서는 이곳과 먼 거리로 자주 찾아와 관리도 할 수 없는 처지라, 그 대안으로 현재 위치인 남양 알로에 농장 앞으로 옮겼다고 한다.

이 일로 남양 알로에 농장 허영문 씨는 단지동맹유지비 참배객들을 맞이

하는 수고를 덤으로 하고 있었다. 그를 만날 때 안내인 조씨에게 수고비를 드리라고 돈을 맡겼는데도 그곳을 떠난 뒤 확인하니까 드리지 않았다고 하여 귀국해 이 글을 쓰는 순간에도 미안한 마음에 뒷골이 당긴다.

처음 허씨와 만났던 마을 슈퍼 앞 빈터로 돌아와 거기서 허씨와 작별인사를 하고 조씨의 차로 갈아 탄 뒤 갈 길이 바빴지만 엔치야 마을을 망원렌즈로 담지 못한 게 영 마음에 걸렸다. 조씨에게 사정을 말한 다음 다시 뒷산에 올라가 핫산 기념탑에서 엔치야마을을 카메라에 여러 컷 담았지만 못내 가보지 못한 아쉬움을 지울 수가 없었다.

그때가 오후 4시 반이었는데 조씨는 블라디보스토크로 가자면 거기서 네댓 시간은 걸린다고 가속 페달을 계속 밟았다. 블라디보스토크로 가는 도로 양편이 억새나 갈대숲으로 우거진 황량한 벌판이었다. 조금 달리자 비노그라지나야 강이 나왔는데 그 오른편이 1863년 한인 13가구가 두만강을 건너 정착한 '지신허' 마을이라고 했다. 차에서 내려 바라보니까 마을 어귀에 조금 전에 본 국경지대 출입을 금지하는 팻말이 보여 멀리서 카메라에만 담고서 차에 올랐다. 어느 나라나 국경지대의 경비는 삼엄했다. 자기들의 영토를 지키고자 물샐 틈 없이 경계하는 그들을 나무랄 수 없는 일이다. 이 지신허 마을 어귀에 서태지가 한러 수교 120돌을 맞아 그들 일행이 이곳을 방문하여 세운 '지신허 마을 옛터'라는 '한러친선우호기념비'가 세워져 있다고 하지만 보지 못하고 지나쳐서 아쉬웠다. '서태지와 아이들'이 노래만 부르는 줄 알았는데 이렇게 장한 일을 하다니…. 문득 연예인이 된 제자 남궁연의 말이 떠올랐다.

"선생님, 요즘 세상을 움직이는 이들은 딴따라들이에요."

슬라비얀카

조금 달리자 '슬라비얀카'라는 지명이 나왔다. 눈에도 귀에도 익은 지명이다. 바로 안중근이 1909년 10월 18일 이곳에서 배를 타고 블라디보스토크로 떠난 항구가 아닌가.

하늘이 안중근에게 이토 히로부미를 쓰러뜨리라는 계시였을까? 그 무렵 안중근은 포시에트(木許隅, 목허우)에서 머물고 있었는데 괜히 마음이 울적하며 초조함을 이길 수 없어 바람을 쐬러 항구로 나갔다. 때마침 일주일에 한두 번 블라디보스토크로 가는 배가 10월 18일 밤에 출항한다는 사실을 알고는 마치 뭔가에 홀린 사람처럼 허겁지겁 여행 떠날 차비를 했다. 안중근은 동지들과 작별을 하고 슬라비얀카(옛 보로실로프)항에 이르자 마침 블라디보스토크로 가는 배가 출항 직전이었다. 안중근은 곧장 이 배를 탔다.

그때 나는 엔치야에 머무르고 있었는데 하루는 갑자기 아무 까닭도 없이 마음이 울적해지며 초조함을 이길 수 없고 스스로 진정키 어려워 친구 몇 사람더러,
"나는 지금 해삼위(海蔘威, 블라디보스토크)로 가려고 하오."
하였더니 그 사람들이,
"왜 그러는 것이오. 아무런 기약도 없이 갑자기 가려는 것이오?"
하므로 나는,

러시아 태평양 연안의 아름답고 한적한 슬라비얀카 항구.

"나도 그 까닭을 모르겠소. 저절로 마음에 번민이 일어나서, 도저히 이곳에 더 머물고 있을 수가 없어 떠나려는 것이오" 하였다. 그들은 다시 묻기를,

"이제 가면 언제 오는 것이오?"

하므로, 나는 무심중에 갑자기 대답하기를,

"다시 안 돌아오겠소."

라고 말하자 그들은 무척 이상히 생각했을 것이며, 나 역시 아무 생각 없이 그런 대답을 했던 것이다. 그래서 서로 작별하고 길을 떠나 보로실로프(穆口港, 슬라비얀카)에 이르러 기선을 만나 올라탔다.[12]

저녁 노을에 비친 슬라비얀카 항구는 매우 아름다웠다. 조씨는 언덕에서 손으로 항구를 가리키고는 곧장 차를 돌리려고 하는데 나는 굳이 부두 승선장까지 가보자고 했다. 그 자리에 차를 세우고 걸어 부두 매표소에 갔더니 블라디보스토크로 가는 배 시간이 붙어 있는데 오전 11시와 오후 3시, 하루 두 차례 있었다. 나중에 블라디보스토크항에서도 확인했지만 슬라비얀카와 블라디보스토크를 오가는 배는 승용차도 실어 나르는 꽤 큰 배였다.

내가 출국 전에 조씨에게 거기서 이 배를 타고 블라디보스토크까지 가겠다고 배 운행 여부와 시간을 문의했으나 승용차는 실을 수도 없고 배도 자주 없다는 말을 듣고는 포기했다. 늘 해외여행이나 답사를 하면서 느끼는 것은 일부 우리 동포 가이드들은 대충대충 넘기려 하고 역사 및 문화에 대한 공부가 부족한 점이다. 그러면서 "거기 가봐도 별것 없다"라고 하면서 답사자의 요구를 일방적으로 꺾어 버리는 점이다. 그게 해외동포뿐 아니라 우리 백성들의 마음속에 뿌리잡고 있는 대충주의요, 적당주의다.

둘째 마당

하얼빈행 열차를 타다

거사 후 등 뒤로 수갑이 채워진 채
연행된 안중근 의사.

그물코 세상

다시 승용차에 올랐다. 그새 땅거미도 지기 시작했다. 조씨는 자기소개와 함께 살아온 얘기를 했다. 자기는 사할린 동포 2세로, 아버지의 고향은 경북 청송이라고 했다. 그리고 할머니의 열성적인 교육열 덕분에 사할린에서 모스크바대학에 유학하여 그곳 화학공업대를 졸업하고 건설회사에 다녔다고 했다. 1991년 블라디보스토크 고합지사로 옮긴 뒤 10여 년 근무하고는 은퇴했다고 했다. 고합 장치혁 회장이 연해주 출신 독립운동가 장도빈의 아들로 극동대학을 설립하는 등, 이곳 독립운동기념사업에 힘쓰다 보니 한국 독립운동 관계자들을 여러 번 안내하게 되어 그런 까닭으로 은퇴 후에도 블라디보스토크 일대를 방문하는 한국인들을 안내한다고 했다.

마침 나의 첫 중국 항일유적답사에 전 비용 및 안내인까지 주선해 준 전 전주지검장 이영기 변호사가 한때 사할린 동포 법률구조에 참여한 적이 있어, 내가 그 일을 정리하였기에 그때 기억에 남은 인사의 이름을 생각나는 대로 말하자 모두 잘 아는 사이라고 했다.

특히 임종구 씨는 한때 하얼빈에 안중근 동상을 세우는 일을 기획하면서, 나에게 국민성금 모금운동에 앞장 서달라고 한 적이 있었다. 임종구 씨는 일제 때 집안을 위해 이름을 속이고 형의 징용장을 가지고 대신 사할린에 갔던 이라 그의 별난 인생을 글로 쓴 일도 있었다. 사실은 이번 답사에 그분과 동행하려고 연락했더니 그새 세상을 떠났다고 했다.

조씨는 나를 통해 임종구 씨의 운명 소식을 듣고는 세상은 마치 그물코처럼 얽혔다고 놀라면서 세상을 살아가면서 거짓말하거나 죄를 짓고 살기 어렵다는 말에 공감했다. 조씨는 부인이 1945년 8월 15일 이전 출생이라 사할린 동포 1세대로 인정받아 곧 한국으로 영구 이주할 거라고 하면서 내게 한국 사회의 실정을 꼬치꼬치 물었다.

나는 블라디보스토크에서 호텔에 들려고 했으나 조씨는 굳이 자기 집으로 가자고 했다. 이미 부인에게도 말해 두었다고 하면서 식구도 없고 2층은 텅 비어 있다고 하며 늦은밤 블라디보스토크로 가면 30분 이상은 걸리고 내일 아침 또 시간 낭비한다고 하여 그의 뜻에 따르기로 했다.

조씨의 집은 블라디보스토크 교외 주택가로 조용했다. 부인은 함경도 성진(현, 김책)사람이라고 했다. 2층에다 여장을 푼 뒤 손을 닦고 내려오자 저녁밥상이 얌전히 차려져 있었다. 바닷가 도시답게 반찬도 해산물이 많았는데 오징어를 낙지라고 했다. 오랜만에 가자미식혜를 맛있게 먹었다. 교직에 있을 때 퇴근길 서울 신촌 네거리 '함경도 아바이' 대포집에 들르면 주인이 특식으로 맛보여 주던 그 맛이었다.

집안 가전제품이 대부분 한국 제품으로 부인은 한국 방송을 켠 채 연속극에 빠져 있었다. 위성방송으로 한국 방송이 거의 다 잡힌다고 했다. 그들 부부는 러시아 방송보다 한국 방송을 더 많이 본다면서 이들은 탤런트 이름도, 연속극 내용도, 나보다 훨씬 많이 알고 있었다. 조씨는 또 한국 실정에 대해 꼬치꼬치 물었다.

"노무현 대통령은 왜 자살을 했습니까?"

"왜 용산사태가 일어났습니까?"

아마도 한국 생활을 준비하는 듯 이것저것 물었는데, 그 질문에 꼬리를 계속 이어갔다. 하나같이 짜증나는 질문들이라 나는 졸립다는 핑계를 대고 2층으로 올라갔다. 이날도 긴 하루였다.

이상설 선생 유허비

제3일 2009년 10월 28일

오늘 일정은 우수리스크를 먼저 답사한 뒤 블라디보스토크 일대를 둘러 보기로 했다. 조씨는 우수리스크는 그리 멀지 않다고 하면서 내가 이틀간 강행군을 하여 피로할 테니 느지막이 출발하자면서 푹 자라고 했다. 하지만 예사 때와 같이 일어났다. 부인이 정성껏 차린 아침을 들고 꿀차까지 마셨 다. 몸과 마음이 가뿐하고 상쾌했다.

나는 역마 체질인가 보다. 해외를 구석구석 뒤지고 다녀도 크게 앓아 본 적이 없었다. 부모님 특히 나의 어머니에게 감사할 일이다. 어머니는 대단 히 튼튼한 체질로 달리기에는 꼭 일등이었다. 하지만 어머니는 먼 곳에 계 신다. 세계 곳곳의 귀한 명품들을 사다드리고 싶지만 어머니에게 드릴 수 없다. 그래서 풍수지탄(風樹之嘆, 효도를 다하지 못한 자식의 슬픔)이라는 말이 생겨났나 보다.

08:50, 조씨 집을 출발하다. 10:00, 우수리스크 지명을 새긴 도로변 아치 를 카메라에 담고는 계속 북상했다. 윤병석 교수의 『한국독립운동의 해외사 적 탐방기』에서 이곳 우수리스크 일대는 1870년 이래 한인 개척 이주지 거점 이 된 뒤 안중근을 비롯한 이상설, 이동녕, 조완구, 백순, 이동휘, 김립, 박 은식, 윤해, 고창일, 신채호 등 우국지사들의 내왕이 잦았다고 한다. 연해주 출신의 최봉준, 문창범, 최재형, 최만겸 등도 이 일대에서 적극적으로 독립

우수리스크 수이푼 강가의 이상설 선생 유허비.

운동을 했다고 밝혔다. 수십 년간 러시아 일대 한인 유적을 발로 답사한 수원대학교의 박환 교수의 『러시아 한인 유적답사기』는 초행길인 나에게는 등대와 같은 지침서다.

솔직히 나는 사학도가 아니다. 뒤늦게 우리 역사에 눈을 뜨고는 우리의 아픈 역사들을 쉽게 풀어서 내가 미처 가르치지 못했던 제자들과 젊은 세대들에게 들려주고자 하는 한 훈장으로 이 길을 나선 것이다. 그래서 내 글에 나온 이야기들은 이미 역사학자들이 애써 발굴하여 이뤄 놓은 사실들을 보고 듣고 다시 현장을 확인하면서 틈틈이 나의 감상을 보태는 것이다. 교단시절 수업시간에 교과서 밖 얘기를 들려주면 제자들이 얼마나 재미있어 했던가. 그때는 시간도 없었고, 아는 것도 적었기에 미처 들려주지 못한 이야기를 뒤늦게 다음 세대에게 전하고자 이 일을 시작한 것이다. 사실 젊은 세대가 바른 역사관을 가지고 사는 일보다 더 중요한 게 없다. 나라와 겨레의 앞날이 그들에게 달려 있기 때문이다.

우수리스크의 으뜸 유적지는 이상설의 유허지다. 10:20, 우수리스크 수이푼 강가에 외로이 우뚝 서 있는 이상설 선생 유허비에 이르렀다. 1917년 3월 2일 선생은 48세로 이국땅에서 운명하면서 이동녕, 백순, 조완구, 이민복 등 동지들에게 다음의 유언을 남겼다고 한다.

> 동지들은 합심하여 조국광복을 기필코 이룩하라. 나는 광복을 못 보고 세상을 떠나니 어찌 고혼(孤魂)인들 고국에 돌아갈 수 있으랴. 내 몸과 유품은 남김없이 불태우고, 그 재도 바다에 버리고, 내 제사도 지내지 말라.

동지들은 선생의 유언에 따라 수이푼 강가에서 화장하여 그 재를 강물에 뿌렸다고 한다. 선생이 가신 뒤 80여 년이 지난 뒤 선생의 고혼이 맴도는 이곳에 비를 세웠다.

이상설 선생 유허비

보재 이상설 선생은 1870년 한국 충청북도 진천에서 탄생하여 1917년 연해주 우수리스크에서 서거한 한국독립운동의 지도자이다. 1907년 7월 광무(고종) 황제의 밀지를 받고 헤이그 만국평화 회의에 이준, 이위종 등을 대동하고 사행(使行)하여 한국독립을 주장하다. 이어 연해주에서 성명회와 권업회를 조직하여 조국 독립운동에 헌신 중 순국하다. 그 유언에 따라 화장하고 그 재를 이곳 수이푼 강물에 뿌리다.
광복회와 고려학술문화재단은 2001년 10월 18일 러시아 정부의 협조를 얻어 이 비를 세우다.

윤병석 교수가 비문을 쓰고 이경순 작가가 비를 제작하였다고 하는데, 석재는 국내산 화강암으로 매우 단아해 보였다. 아주 빼어난 비였다. 안내인 조씨는 자기도 이 비를 세울 때 이바지하였다고 하면서, 박환 교수와 함께 광복회에서 감사장을 받았다고 귀띔했다. 비 옆에는 선생의 한 많은 사연을 아는지 모르는지 예나 다름이 없이 수이푼 강이 쉬엄쉬엄 흐르고 있었다.

우수리스크역에서

조씨는 우수리스크 언저리 일대의 발해 유적지를 열심히 안내하는데 그때마다 카메라에 담았지만 내 답사 목적과는 거리가 멀기에 귀담아 듣지 않았다. 노트북도 많이 저장하면 과부하가 되듯이 사람도 뇌에다 너무 많은 것을 저장하면 장애를 일으킨다. 학교에서 아이들을 가르쳐 보면 성적이 뒤진 아이일수록 쓸데없는 것들을 많이 알고 있었다.

11:10, 우수리스크 수하노와 거리 32에 있는 최재형의 처음 집과 블로다르스키야 거리 38에 있는 마지막 집을 둘러보았다. 최재형은 안중근이 연해주에 머무를 때 독립운동가의 대부라고 할 만큼 뒤에서 도와준 분이다.

김호일 안중근의사기념관장이 쓴 논문에 따르면, 최재형은 함경도 경원 출신으로 1869년 아버지를 따라 연해주에 이주했다고 한다. 그는 연해주 한인 사회의 개척자이며, 지도자로 평생 한국 독립을 위해 항일운동에 몸 바쳤으며, 일제의 총살에 의해 최후를 마쳤다고 했다. 최재형은 안중근이 하얼빈으로 가는 무렵 『대동공보』(1909)와 그 이후 『대양보』(1911)의 사장으로 동포들에게 항일독립정신을 고취시켰으며, 권업회 회장을 역임하는 등, 1919년 대한민국임시정부가 수립되었을 때 재무총장에 선임되었으나 부임치 않고, 평생 연해주 일대 독립운동의 대부로서 생을 마감했다고 한다.

최재형의 딸 올가의 증언에 따르면, 안중근이 거사 전 최재형 집에 머물며 사격연습을 하였다고 했고, 하얼빈 거사 후 아버지가 안중근 의사 부인 김

우수리스크역.

아려 여사도 돌봐주었다고 한다. 우수리스크에는 이 밖에도 한인독립유적
지가 많았다.

조씨가 안내하는 대로 일일이 카메라에 담고 취재수첩에 부지런히 기록
했으나 여기에 다 옮겨 적기에는 내가 남(다른 학자)의 수고를 가로채는 것
같아 줄인다. 다만 우수리스크역은 안중근 의사가 우덕순과 함께 하얼빈으
로 가는 길에 이곳에 내려 차표를 산 곳이다. 다음 날 내가 열차를 타고 이곳
을 지날 테지만 그때는 한밤중이기에 미리 일대를 카메라에 담고자 역을 찾
았다. 쌀쌀한 날씨 탓으로 다소 썰렁해 보이는 역 광장에는 빛바랜 레닌의
동상이 우뚝 솟아 그의 손이 하늘을 향하고 있다.

"인민들이 능력에 따라 일하고, 필요에 따라 분배를 받는다"는 그 말을 대
학 교양학부 시절 경제원론 시간에 듣고 얼마나 놀라고 신선한 충격을 받았

우수리스크역 광장의 레닌 동상.

던가. 하지만 이 슬로건은 공염불이 된 채 공산 사회를 추종하던 나라들은 낙후를 면치 못해 거의 무너져 버렸다. 공산주의자들은 인민들이 대가 없이는 능력에 따라 일하지 않는다는 사실을 미처 몰랐던 것 같다. 볼셰비키 혁명의 총본산 러시아마저 자본주의에 무너져 "중이 고기 맛을 알면 절간에 빈대가 남아나지 않는다"는 말처럼 길거리 화장실은 물론, 공공기관 화장실에서조차 돈을 받는 치사한 나라로 변모했다.

역 광장 한편에는 버스들이 승객을 기다리고 있는데, 자세히 살피니까 거의 한국산 중고차들로 '아진교통' '동아운수' 등 시내버스 회사 이름들이 남아 있었고, 'HYUNDAI' 'KIA' 'DAEWOO' 등의 로고가 선명했다. 이와는 달리 연해주 전역의 승용차 대부분은 일제가 휩쓸었는데 어쩌다 가뭄에 콩 나듯 한국 차가 눈에 띄었다. 우수리스크역을 카메라에 담고자 역을 가로지른 육교로 가는데 우리와 피부색이 똑같은 노동자 차림의 한 무리를 보고서 그들에게 접근하여 몇 마디 물었다.

"어디서 오셨습니까?"

"함경도, 평안도, 자강도 등 대중없습네다."

무리들이 나를 바라보는 눈빛이 심상치 않아 보였다. 동행한 조씨는 그들이 북한에서 온 시베리아 벌목공들이라고 하면서 내 옷소매를 당겼다. 나는 그들에게 목례를 하고서는 육교에 올라 그들 뒷모습만 카메라에 담았다. 그리고 우수리스크 역사와 시베리아로 뻗는 철도를 카메라에 담고서는 우수리스크역을 떠났다. 왜 우리 남북 동포들은 해외에서조차 서로 경계해야 하나? 나는 취재수첩에다 즉흥시를 한 수 지어 보았다.

우수리스크역에서

내 십수 년째
나라를 위해 목숨을 바친
선열들의 발자취를 따라
해외를 누벼 보니까

나라와 겨레를 두 조각낸 38선(휴전선)은
한반도에만 있는 것이 아니었다

베이징에도 있었고
도쿄에도 있었고
블라디보스토크에도
워싱턴에도 있었다

어느 영웅이 나타나
두 조각 세 조각 네 조각으로 찢어진
나라와 겨레의 속살에 깊이 새겨진
38선을 지우고
휴전선 철조망을
걷어낼 수 있을까

저무는 10월 하순 한낮
극동 러시아 우수리스크역에서
내 아들이나 조카와 생김새가 똑같은
구릿빛 얼굴의 노동자를 만났다

나의 안내자는
그들이 시베리아 삼림지대에서 일하는
북한 벌목공들이라고 했다

나는 반가운 마음에
그들에게 다가가
몇 가지 물었더니 한 노동자가
북한 여기저기에서 온 림업부 소속이라고
대답은 하는데
수많은 눈초리가 경계의 빛으로
우리 두 사람을 죄고 있었다

나는 그를 덥석 껴안고 싶었지만
그와 나 사이에는 날카로운 철조망이
여러 겹 드리워 있음을 알아차리고
못내 뒷걸음질을 하고는
우수리스크역 육교에 올라 그들 뒷모습만
카메라에 담았다

내 눈에서는
두 줄기 눈물이 흘러내렸다
연해주의 북풍이 몹시 찼다.

연해주신한촌기념탑

12:20, 조씨는 블라디보스토크 시내로 들어가면서 라즈돌노예역에 차를 세웠다. 1937년 한인들의 강제이주가 당시 이 역에서 이루어진 비극의 역사 현장이라고 했다. 1937년 9월부터 이듬해 3월까지 연해주 일대 17만여 명에 이르는 고려인(한인)들은 스탈린의 지시로 하루아침에 집을 버리고 비상식량만 지참한 채 화물열차에 실려 강제로 불모의 땅 중앙아시아로 끌려갔다.

당시 소련 비밀경찰들은 기차를 타기 전, 일부 독립운동가나 지식인들을 '일본 앞잡이'라는 누명으로 총살시키거나 웅덩이에 모두 쓸어 묻었다고 한다. 고려인들은 일본인과 구별이 잘 안 되고 간첩 혐의가 짙다는 이유로 사전에 어디로 간다는 통보도 없이, 화장실은 물론 물 한 모금 제대로 마실 수 없는 화차에 빼곡히 실려, 길게는 50여 일 동안 6천 킬로미터를 달려 중앙아시아 허허벌판에 내동댕이쳐졌다. 그곳이 지금의 우즈베키스탄과 카자흐스탄 등의 지역이다.

나는 이 역 플랫폼에서 당시 열 살 난 소녀의 모습을 떠올렸다. 그때 그 소녀는 화차에 실려 중앙아시아로 간 뒤 72년 만인 2009년 9월 28일 경북 구미 임은동 왕산기념관 개관식에 참석했는데 당신 태어난 후 처음으로 할아버지 고향에 돌아왔다. 평생을 미혼으로 외롭게 살아온 왕산 손녀 허로자 할머니의 주름진 얼굴이 중앙아시아로 뻗은 시베리아 철로에 겹쳤다. 망국민은 노예나 다름이 없다. 이 원죄는 조선 왕족을 비롯한 지배계층인 사대부

1937년 연해주 일대 고려인들이 스탈린의 강제이주정책으로 떠났던
단장외 라즈돌노예역 플랫폼.

신한촌의 흔적을 엿볼 수 있는 '서울거리 2A' 번지 표지판.

에 있다. 그들의 무능과 탐욕, 부정부패, 비리로
나라를 망쳤다.

15:00 마침내 블라디보스토크 시내로 들어갔
다. 나는 먼저 블라디보스토크 최초의 한인 집
단거주지로 1910년 전후로 나라 잃은 한민족 국
외 독립운동의 중심지였던 신한촌(현, 하바로프
스크 거리)이 보고 싶었다. 조씨는 먼저 거기로 안내했다. 안중근이 마지막
으로 이 거리에 나타난 지 꼭 일백 년 만에 찾아가니 어찌 옛날 모습이 그대
로 남아 있겠는가. 일백 년이면 강산이 열 번이나 변하는 세월이 아닌가. 다
행히 그곳에서 '서울거리 2A'라는 주소가 붙은 건물을 발견할 수 있었고, 언
덕 쪽으로 조금 오르자 '연해주신한촌기념탑'을 볼 수 있었다. 비문은 한글

과 러시아 글로 새겨져 있는데 신한촌의 역사를 잘 드러내고 있기에 그 전문을 옮긴다.

민족의 최고 가치는 자주와 독립이다. 이를 수호하기 위한 투쟁은 민족의 성전이며, 청사에 빛난다. 신한촌은 그 성전의 요람으로 선열들의 얼과 넋이 깃들고, 한민족의 피와 땀이 어린 곳이다. 1910년 일본에 국권이 침탈당하자 국내외 지사들은 신한촌에 결집하여 국권 회복을 위해 필사의 결의를 다졌다. 성명회와 권업회 결성, 한인학교 설립, 신문 발간, 13도의군 창설 등으로 민족 역량을 배양하고, 1919년에는 망명정부(대한국민회)를 수립하여 대일 항쟁 의지를 불태웠다. 그러나 한민족은 1937년 불행히도 중앙아시아에 흩어지고 신한촌은 폐허가 되었다. 이에 해외한민족연구소는 3·1독립선언 80주년을 맞아 선열들의 숭고한 넋을 기리고, 재러·중앙아시아 고려인들의 마음의 상처를 위로하며, 후손에게 역사의식을 일깨우기 위해 이 기념탑을 세운다.
1999년 8월 15일
한국사단법인 해외한민족연구소

연해주신한촌기념탑.

옛 신한촌 거리의 현재 모습.

    신한촌에 대해 더 이상 구구한 설명이 필요 없는 비문이었다. 나는 조씨에
게 안중근이 머물렀다는 계동학교 앞 이치권의 집을 물었으나 그는 그전에
다른 분들도 많이 그곳을 수소문했지만 그때를 증언해 줄 분이 한 분도 생존
치 않아 알 수 없다고, 아마 이 일대 어디일 거라고 이제는 아파트촌으로 변
한 곳을 가리켰다.

    하지만 대한민국임시정부 군무총장과 국무총리를 지낸 이동휘 선생 집
터는 알려져 있다고 안내하는데 지금은 그 일대가 현대식 상가로 변해 있었
다. 이곳저곳 둘러보니까 그새 오후 4시 30분이었다. 조씨는 하얼빈행 차표
부터 예매한 뒤 더 둘러보는 게 좋겠다고 하면서 블라디보스토크역으로 갔
다.

블라디보스토크

블라디보스토크는 역사가 깊은 옛 도시라 도로 폭이 넓지 않았다. 그런데 차들이 홍수를 이루어 역 일대는 교통체증이 몹시 심했다. 예상과는 달리 블라디보스토크-하얼빈행 열차는 주 2회만 운행하는데, 매주 월, 목요일에 출발한다 했다. 조씨는 나에게 일정을 아주 잘 맞췄다고 하면서 표를 건네는데, '2009. 10. 29 17:00 블라디보스토크 출발, 2009. 10. 31. 06:10 하얼빈 도착'으로 차표에 찍힌 승차 시간은 무려 37시간 10분이나 되었다. 긴 여정은 다음 문제고 우선은 열차가 있고, 승차권을 쉬 살 수 있어 한시름 덜었다.

하얼빈행 열차 승차권을 안주머니에 깊이 넣은 뒤 일백 년 전, 안중근이 찾아간 '대동공보사'가 있었다는 개척리 마을로 갔다. 개척리 마을 어귀는 바닷가 유원지로 나무의자에는 젊은 남녀가 환한 대낮인데도 서로 부둥켜안고 사랑을 나누고 있었다. 이 얼마나 아름다운 장면인가. 사랑은 국경, 이념, 사상도 뛰어넘는 아름답고 거룩하고 존귀한 것으로, 인류가 이어지고 문화가 발전된 원동력이다. 이 일대 거리는 현재는 포브라니치나야 거리라고 부른다는데, 지난날은 '둔덕마퇴' '웅덕마퇴' 등으로 불렀던 한인 동포들의 첫 정착지였다고 한다. 윤병석 교수는 『해외사적탐방기』에서 한인동포들이 이 일대에다 한인학교를 세워 민족교육을 실시하고, 『해조신문』과 이를 이은 『대동공보』를 간행하면서 항일언론을 폈으며, 각종 항일단체를 조직하여 공동항일전선을 구축하였다고 개척리의 역사를 밝히고 있다. 그런

시베리아 철도의 시발역인 블라디보스토크역.

탓인지 지금도 오래된 건물이 많았다. 조씨는 한 붉은 벽돌 3층 건물 앞에서 '대동공보사'라고 추정하며 가리켰다. 그러면서 대동공보사가 사옥을 자주 옮겨 다른 곳을 주장하는 학자도 있다고 했다. 일대 건물들이 매우 낡았다. 지금도 구석진 실내에서 낡은 인쇄기가 돌아가는 듯했다.

거리 한편에서는 이동식 화장실 세 동을 붙여 놓고 한 노파가 앉아 요금을 받고 있었다. 음료수 인심이나 화장실 인심은 우리나라가 매우 후한 편이다. 마침 서울에서 바꿔 간 루블화가 바닥이 나 환전상에서 돈을 바꾸는데 앞 건물에는 온통 LG 에어컨 환풍기가 외벽에 여러 개 달린 것을 보고 더없이 반가웠다. 거기서 조금 떨어진 곳에 옛 일본영사관 건물이 있었다. 중국 대륙 항일유적답사 때마다 매번 느꼈지만, 한 세기 전 일본이 지은 건물이나 다리 등 건축물이 아직도 새 건물처럼 흠 하나 없는 것을 보고는 그것이 우리나라를 지배했던 힘이라고 시인하지 않을 수 없었다. 중국 조선족자

대동공보사가 있었던 지난날 개척리 거리(현, 포브라니치나야 거리).

치주 용정인민정부는 옛 일본영사관 건물을 그대로 쓰고 있었는데, 심지어 벽돌담조차도 흠 하나 없었다.

조씨는 블라디보스토크 항구와 시가지가 환히 내려다보이는 전망대로 안내했다. 가는 길에 극동과학기술대학 교정에 세워진 '조명희 문학비'가 반겨 맞았다. 소설 『낙동강』으로 잘 알려진 작가 조명희는 소설가이면서 시인이고 극작가였다. 1894년 충북 진천에서 출생하여 카프(KAPF, 조선프롤레타리아예술동맹)에 가입하여 활동하다가 소련으로 망명하여

조명희 문학비.

한국인으로 유일하게 스탈린문학상을 수상했지만 역설로 스탈린 강제 이주 당시 소련비밀경찰에 체포 일본 간첩 누명을 쓰고 총살당한 비운의 작가이다. 비석 옆면에는 그의 시 일절과 약력이 동판에 새겨져 있다.

일 만 리
먼 길에 굽이치는 아무르 강
북빙양 찬 바람의 추위를 받아
가만히 누워서
새 날을 기다리니.
– '아무르를 보고서' 중에서

그는 끝내 새 날을 보지 못한 채 불귀의 객이 되었다.

전망대에서 내려다본 블라디보스토크 항구는 참 아름다운 항구였다. 다만 어둠으로 카메라에 풍경이 선명히 잡히지 않은 게 흠이었다. 러시아 블라디보스토크항은 한자 지명 '해삼위(海蔘威)'이다. 1860년 군사기지로 세워진 이 도시는 블라디보스토크, 곧 '동방을 다스린다'는 뜻이라고 한다.

블라디보스토크는 천혜의 항구를 이룬 조르토이로그 만이라고 부르는 금각만을 중앙에 안고, 그 좌우에 큼직한 아무르만과 우수리만을 거느린 매우 이상적인 항구다. 이 항은 중국의 상하이나 하와이의 진주만, 미국의 샌프란시스코 항과 견주어지는 세계적인 미항으로서 1860년 제정러시아가 연해주를 차지한 이래 러시아 극동함대가 자리를 잡은 군항이기도 하다.

한국 근대사에서 블라디보스토크는 러시아의 군항으로서보다 나라를 빼앗긴 한민족이 조국광복을 도모하기 위한 국외기지로서의 의미가 더 컸다. 특히, 1910년 전후부터 1919년 3·1운동 때까지는 그곳이 한민족의 국외독립운동의 메카라고 해도 지나친 말이 아니었다.

1920년 상하이에 대한민국임시정부가 수립된 후에도 독립운동기지로 한몫을 해오다가 1937년 9월부터 그해 연말까지 블라디보스토크는 물론 연해주에 거주하는 수십만 한인 전부가 중앙아시아로 집단 강제 이주된 뒤에는 한인에게는 왕래마저 허용되지 않는 금단지대로 굳어졌다. 근래 소비에트 사회주의 공화국 연방이 무너지고 러시아 공화국을 비롯한 독립국가연합이 형성되면서 금단의 장벽이 무너져 마침내 1992년 1월에 다시 개방되어 우리나라와 가까운 러시아 극동 최대 도시로 교역을 넓혀 가고 있다.

19:00, 블라디보스토크 현대호텔 한식집에서 이번 연해주 안중근 의사 유적지 답사에 도움을 준 양정진 영사와 저녁을 함께했다. 내가 대접하고자 간청한 자리였는데 오히려 양 영사에게 접대를 받았다. 그는 나의 건강과 장도를 빌어 주었다. 조씨 집으로 돌아와 취재수첩을 정리하고 사진을 노트북에 저장하고는 자료들을 들췄다.

안중근 행장 — 3

1909년 10월 19일 안중근은 블라디보스토크에 도착했다. 안중근이 블라디보스토크에 오면 꼬레이스카야(신한촌)의 계동학교 앞 이치권 집에 자주 머물렀다. 이치권의 집은 식당을 겸한 작은 여관이었다. 이치권이 오랜만에 나타난 안중근을 보고 반겨 맞았다. 그는 인사말이 끝나자마자 믿기지 않는 말을 했다.

"이토 히로부미가 만주에 온다는군. 그것도 말이야 블라디보스토크에서 시베리아 철도를 경유하여 하얼빈으로 간다는구면."

"정말인가!"

안중근은 깜짝 놀랐다. 엔치야에 있을 때 까닭도 없이 심란하여 갑자기 블라디보스토크에 오고 싶었던 것도 바로 이 소식을 듣기 위함이었는가. 안중근은 침략의 원흉 이토가 제 발로 제 무덤에 찾아든다는 게 좀체 믿기지 않았다.

"언제 온다고?"

"가까운 시일에…."

"누구에게 들었는가?"

"그냥 소문이 쫙 퍼졌어."

이치권은 그 대목에 이르자 얼버무렸다.

"잘못 들은 게 아닌가?"

안중근이 블라디보스토크항에 도착했을 때 그곳 분위기가 일본 고관을 맞이할 것 같지 않았기 때문이었다.

"내 말이 못 미더우면 일본총영사관에 가서 물어보구려."

"뭐야!"

안중근은 발끈 화를 내고는 그 소문의 사실 여부를 확인코자 그 길로 곧장 대동공보사로 갔다. 『대동공보』는 1908년 2월에 발간된 『해조신문』의 후신으로 최재형, 최봉준, 김병학 등의 지원으로 매주 2회 수, 일요일에 4면씩 1천부 정도를 발행하는 연해주지역 한인들의 기관지 역할을 하고 있었다. 안중근이 대동공보사로 갔으나 기자들은 모두 출타 중이고 여사무원 혼자 사무실을 지키고 있었다.

"나에게 온 편지 없나?"

"아무것도 없는데요."

"신문 좀 보겠어."

안중근은 그즈음 발행된 『대동공보』를 열심히 뒤졌지만 이토 히로부미에 관한 보도는 보이지 않았다. 그때 마침 편집주임 이강(李剛)이 돌아왔다.

"어이, 응칠 씨 반갑네."

"오랜만일세."

두 사람은 친구 사이로 반갑게 악수를 나눴다. 안중근은 가장 궁금

한 이토 히로부미의 만주 시찰 건부터 물었다.

"오늘 블라디보스토크에 오니까 이토 히로부미가 만주에 온다는 소문이 들리던데 사실인가?"

"그 자가 이제는 하얼빈까지 발을 넓히려는 모양인데, 아마 지금쯤 뤼순이나 다롄에 있을 거야."

"그런데 『대동공보』에는 아무런 기사도 나와 있지 않던데?"

"내일쯤 실을 예정이야. 여태까지 소문만 무성해서 우리도 판단할 수 없었는데, 드디어 자세한 뉴스가 들어왔네."

이강은 러시아 신문을 안중근에게 보였다.

"나는 러시아어에는 까막눈이야."

"조금 전에 도착한 철도신문인데 내가 이토 기사만 읽어 볼게."

러시아제국 코코프체프 재무장관과 베이징 주재 코로스토웨츠 공사가 북만주를 시찰하기 위하여 하얼빈 철도청을 방문한다. 그 시기와 때를 맞추어 4개월 전까지 조선통감이었던 이토 히로부미가 하얼빈에 온다고 한다. 도쿄 발 외전에 따르면, 이토 히로부미는 10월 16일 모즈항을 출발하였다고 한다.

"대충 이런 내용이네."

"중요한 도착 일시가 확실치 않네."

"내 생각으로는 하얼빈 도착은 25일 전후가 될 것 같아. 일본 모즈항에서 다롄까지는 이틀 정도 걸리고, 남만주에는 일본인 거류민이 많으니까 각지를 방문하면서 북상한다면 아마 그 무렵이 될 거야."

"하얼빈역은 경비가 삼엄하겠는 걸."

"그럴 테지. 미국 스티븐슨 암살사건을 고려하여 러시아 정부는 한국인을 접근치 못하게 할 거야."

"그럴 테지."

그때 우덕순이 들어왔다. 그는 담배 행상을 하면서 배당금을 받는 조건으로 『대동공보』 판촉을 하고 있었다. 기본 급료는 월 10루블이었다.

"두 사람이 무슨 밀담을 나누고 있나? 나는 여태 점심도 굶어 배에서 꼬르륵 소리가 나는데."

"마침 잘 왔네. 좀 이르지만 내가 저녁을 사지. 나와 같이 나가세."

안중근은 마치 우덕순을 기다린 것처럼 그를 데리고 밖으로 나갔다. 두 사람은 이치권의 집으로 갔다.[13]

식사 후 안중근은 조용한 곳에서 밀담을 나누고자 우덕순을 자기가 묵을 방으로 데리고 갔다. 안중근은 단도직입적으로 우덕순에게 이토를 처단할 뜻을 전하고, 자기와 함께 거사할 의향을 물었다. 우덕순은 안중근의 말을 듣고 즉석에서 흔쾌히 동의했다.

우덕순은 충북 제천 출신으로 을사늑약 뒤 블라디보스토크에 건너와 한때 안중근과 함께 의병전쟁에 참전하기도 한 동지였다. 우덕순은 안중근을 무척 신뢰할 뿐 아니라 존경하고 있었다. 지난날 함경도 산중에서 벌어진 대일 의병전투에서 안중근이 수명의 일본군 포로를 잡았을 때, 동지들이 죽여 버릴 것을 주장했다. 하지만 안중근은 그들 포로를 풀어 주는 것을 보고 그의 높은 인품에 매우 감동했다.

안중근은 동지 우덕순을 얻고는 천군만마를 얻은 양 기뻤다. '드디어 늙은 도적 이토가 내 손에서 끝나는구나' 하고 남몰래 기뻐하고는 당장이라도 하얼빈으로 떠나고 싶었지만 여비가 없었다. 안중근은 궁리를 거듭한 끝에 마침 황해도 출신 의병장 이석산(李錫山)이 이곳에 머물고 있다는 사실을 알고 그를 찾아갔다.

안중근은 이석산에게 일백 원만 빌려 달라고 간청했다. 하지만 이석산이 완강히 거절하자 안중근은 권총을 들이대고 위협했다. 이석산이 어쩔 수 없이 일백 원을 내놓았다. 의병장 이진용(李鎭龍)으로 추정되는 이석산은 무기를 구입할 돈 일부를 안중근에게 빼앗겼다. 이는 안중근이 일제의 심문을 받을 때 이석산을 보호하기 위한 위증으로 풀이하기도 한다. 이석산은 그 이후 연해주에서 다량의 무기를 구입하여 1909년 11월 하순에 한국으로 돌아와 일제와 의병전을 펼쳤다고 한다.[14]

블라디보스토크에 이르러 들으니, 이토 히로부미가 장차 이곳에 올 것이라는 소문이 자자했다. 그래서 자세한 내막을 알고 싶어 여러 신문을 사보았더니 가까운 시일 내에 하얼빈에 도착할 것이라는 보도가 의심할 여지가 없었다. 나는 스스로 남몰래 기뻐했다.

"여러 해 소원하던 목적을 이제야 이루게 되다니. 마침내 늙은 도적이 내 손에서 끝나는구나!"

그러나 여기에 온다는 말은 아직 정확치 않은 정보이기 때문에 하얼빈에 간 뒤에라야 확실할 것이라 생각하고, 곧 떠나고 싶었지마는 여비를 마련할 길이 없어 이리저리 궁리하다가 마침 이곳에 와서 사는 황해도 의병장 이석산을 찾아갔다.

그때 이씨는 다른 곳으로 가려고 행장을 꾸려 문을 나서는 참이라 급히 그를 불러 조용한 방으로 들어가 돈 100원만 꾸어 달라고 청했다. 그러나 이씨는 끝내 들어주지 않았다. 일이 여기에 이르고 보니 사세를 어찌할 수 있는 길이 없어 이씨를 위협한 나머지 100원을 강제로 뺏어 가지고 돌아오니 일이 반이나 이루어진 것 같았다.[15)]

군항 블라디보스토크

제4일 2009년 10월 29일

블라디보스토크에서 열차를 타고 하얼빈으로 떠나는 날이다. 열차는 오후 5시에 떠나기에 모처럼 시간 여유가 많은 날이었다. 그래서 블라디보스토크 시내를 둘러보고 어제 전망대에서 날이 저물어 블라디보스토크항 전경 사진을 산뜻하게 찍지 못했기에 그곳에 가서 다시 촬영하기로 했다.

아침도 늦게 먹었는데도 안개가 자욱하여 밥상에서 차담을 길게 나누며 마냥 늑장을 부렸다. 사흘간 안내비를 묻자 조씨는 미화로 600달러를 요구했다. 사흘간 휘발유 값 등 잔비용은 내가 미리 돈으로 셈한 걸로 아는데 조금 많다는 생각이 들었지만 요구한 대로 주었다. 그가 아니라면 어찌 연해주 일대를 편케 답사할 수 있으랴. 더욱이 당신 집에서 이틀 밤이나 묵지 않았는가. 10시 30분에 사흘간 수고를 해준 부인에게 깊은 절을 하고는 조씨 집을 나섰다.

블라디보스토크 시내로 가는데 그 시간까지도 안개가 짙었다. 도로 중간에는 트럭에다 꽃을 싣고는 거리로 나와 꽃다발을 파는 청년들이 드문드문 보였다. 러시아인들은 어딘가 궁색해 보이지만 그런 가운데도 삶의 여유가 있어 보였다.

조씨는 처가가 함경도 성진인 탓인지 북한을 대여섯 차례 방문하고 남한도 두어 차례 다녀왔다고 하면서 남북한을 훤히 꿰뚫고 있었다. 그에게 통

블라디보스토크항 전경

일 전망을 물었더니 그는 "남북통일에 앞서 서로 자유로운 만남과 왕래가 우선"이라는 매우 현실적인 대안을 얘기했다. 우리 속담 "쌀독에서 인심난다"라는 말처럼, 북한의 경제가 어려워지자 그쪽과 내왕도 뜸해진다는 속내도 털어놓았다. 도로 양편 가로등 기둥에는 온통 한국 LG 로고 깃발이 휘날렸다. 조씨는 블라디보스토크 부유층들의 가전제품은 대부분 한국산 전자제품이라고 귀띔했다.

시내로 가는 길에 1937년 블라디보스토크 일대에 거주했던 고려인들이 중앙아시아로 떠난 페에르와야리치카역을 들렀다. 어제 본 라즈돌노예역과 함께 고려인들이 화차에 실려 떠났던 단장(斷腸, 몹시 슬퍼 창자가 끊어지는 듯함)의 역이었다고 했다. 요즘도 이 역에서는 승객보다 화물을 더 많이 취급한다는데 그때 고려인들은 블라디보스토크역이 아닌 이들 두 역에서 완전히 화물 취급을 당한 모양이었다. 망국민은 '망국노(亡國奴)'라고 해외에서 겪는 고통은 차마 말할 수 없는 고통이었다고 일제강점기 때 상하이에서 어린 시절을 보낸 이종찬 전 국정원장을 비롯한 독립운동가 후손의 증언을 들은 적이 있었다.

어제 둘러본 신한촌 일대를 다시 살피는데 고양이 한 마리가 휙 지나쳤다. 얼핏 보니 무늬는 달랐지만 모양새가 내 집 고양이와 비슷했다. 내 집 고양이 카사는 러시안 블루종인데 아마도 고향이 이 일대인가 보다. 이제는 사람도 동물도 국경 없이 돌아다니며 사는 글로벌 시대임을 새삼 절감케 했다. 이 고장 독립지사 장도빈 선생을 기리기 위해 그의 아들 고합 장치혁 회장이 세웠다는 극동국립종합대학 내 한국학 대학을 잠시 들렀다.

그 대학 블라디미르 교수는 러시아인이지만 우리말이 매우 능숙했는데, 한때 북한 김일성대학에서도 강의했다고 한다. 내가 남북한의 평화통일 방안을 묻자 그는 "서로 불신을 없애고, 서로 대립을 지양하며 남북이 화합해야 합니다"라고 매우 원론적인 얘기를 했다. 안중근 의사에 대한 평을 해달

페에르와야리치카역으로, 고려인들이 중앙아시아로 강제이주당한 시발 역이다.

라고 부탁하자 "러시아 입장에서는 한국인들처럼 크게 평가하지 않는다"고 하면서 "안중근의 거사로 러일회담이 깨어졌을 뿐 아니라, 안 의사가 동양 평화를 위했다고 하지만 결과는 평화가 오지 않았다. 나라 잃은 인민으로 그의 행동은 이해되지만 개인적인 응징보다 조직적인 투쟁단체나 당(黨)이 필요했다"고 자신의 의견을 말했다.

그는 한국에도 여러 번 다녀왔다고 하기에 마무리 말로 한국인의 장단점을 물었다. "한국인은 대단히 창의적입니다. 그런 장점에 견주어 자기만 생각하는 경향, 곧 개인 이기주의가 강하게 보였습니다."

어제 지나간 신한촌(현, 하바로프스크 거리)과 개척리(현, 포브그라니치나야 거리)를 다시 지나가면서 만일을 위해 다시 언저리 풍경을 카메라에 부지런히 담았다.

다음 발걸음이 멈춘 곳은 군항 블라디보스토크 요새지로 갔다. 그곳은 지난 세기를 주름잡았던 각종 무기들의 전시장이었다. 블라디보스토크항을 지키는 고사포와 각종 어뢰, 장갑차, 로켓포 등이 지난날 러시아 해군의 막강한 위력을 말해 주는 듯했다.

거기서 다시 블라디보스토크항을 내려다볼 수 있는 전망대로 갔으나 항구를 덮은 안개로 아름다운 군항 블라디보스토크는 끝내 산뜻하게 카메라에 담을 수 없었다. 안개 낀 블라디보스토크 항구 이곳저곳을 향해 수십 번 셔터를 눌렀으나 나중에 한 컷이라도 건질지 모르겠다. 나의 안달에 조씨는 블라디보스토크 일대 경치를 담은 사진엽서를 한 세트 구해 줬지만 어찌 내 손으로 찍은 사진과 비교하랴.

전망대를 내려와 블라디보스토크항 부두로 갔다. 가는 길에 제정러시아 시절 니콜라이 황태자가 일본을 방문한 뒤 귀국한 것을 기념한 개선문을 지나 한국 문화를 소개하고 있다는 박물관을 거쳐 부두로 갔다.

블라디보스토크항은 군항답게 각종 군함이 정박하고 있었는데 한쪽에서는 러시아의 강태공들이 낚싯대를 바다에 드리우고 세월과 고기를 한꺼번에 낚고 있었다. 거기서 가까운 거리에 러시아 태평양함대사령부 깃발이 휘날렸고, 그곳 옆 공터에는 제2차 세계대전 때 위용을 떨치던 잠수함이 그 임무를 마치고 부두에 올라와 관광객들에게 지난날의 전과를 한껏 자랑하고 있었다.

부두 옆 광장에는 노천시장이 있었는데 각종 농산물과 수산물이 넘쳤다. 시장 풍경은 어느 나라나 비슷했다. 그 광장 벽면에는 '극동 소비에트 주권을 위한 투사들'이라는 비문 아래에는 제2차 세계대전 당시 전사한 수만 명의 전사자 이름이 석판에 새겨져 있었다.

이로써 연해주 일대에서 답사 일정은 모두 끝났다. 남은 일정은 블라디보스토크역에서 떠나는 일만 남았다.

블라디보스토크역

15:30, 아침을 늦게 먹은 탓으로 느지막이 점심을 먹고자 밥집을 가는데 평양관으로 안내하려 했다. 조씨는 블라디보스토크에는 남북한 동포들이 함께 살고 있기에 영사관도, 밥집도 남북한 모두 있다고 했다. 나는 어제 서울관에서 먹었기에 오늘 평양관에서 먹는 것도 괜찮겠다고 조씨 제의에 동의했다. 밥집은 한가한 시간이었는데 우리가 들어가자 귀에 익은 〈반갑습니다〉라는 노래가 금세 나왔다. 서울관 음식은 어딘가 느끼했는데 평양관에서 먹은 남새볶음밥 맛이 아주 담백했다. 분단 반세기가 넘자 음식에서도 남북의 차이를 느낄 수 있었다.

조씨는 나의 저녁밥 준비로 김밥 2인분을 사고는 슈퍼에서 생수 큰 병 하나와 같이 포장해 내 가방에 담아 주었다. 나중에 그 물병과 김밥이 그렇게 요긴할 수야. 그때 나도 그의 정성이 고마워 내 주머니에 남은 루블 지폐는 물론 동전까지 남기지 않고 몽땅 그에게 건넸다. 그것이 나중에 화근이 될 줄이야. 모르면 시행착오를 범할 수밖에 없다.

16:20, 블라디보스토크역에 도착했다. 역 광장 건너편에는 레닌이 대머리에 비둘기 똥을 잔뜩 맞은 채 서 있었고, 아름다운 블라디보스토크역 대합실은 러시아 전통 벽화와 전등으로 장식하여 우아하게 보였다. 블라디보스토크역은 시베리아 철도의 극동 출발점이다. 플랫폼에 나가자 25량의 객차를 단 열차가 막 들어서는데 승객은 그리 많지 않았다. 내가 탈 객차 번호는

블라디보스토크역 플랫폼에 전시된 역사 속으로 사라진 증기기관차로,
100년 전에는 이 기관차가 시베리아 철로를 힘차게 달렸다.

21번으로 애초 내가 선 곳은 앞쪽이라 뒤로 갔으나 20번 다음 22번 객차라 당황했더니 맨 뒤 칸에 21번이 붙어 있었다.

사회주의 국가나 종래 공산주의 국가를 여행해 보면 대체로 관리들이 무 뚝뚝하고 친절성이 매우 부족하다는 것을 느낀다. 열차에 오를 때까지 조씨 가 곁에서 보살펴 줘 사흘간 언어 불통의 고생은 면할 수 있었다.

16:30, 러시아 여승무원의 안내를 받으며 객차에 올랐다. 지정된 객실로 가니 4인 침대칸인데 나 혼자였다. 출발이 가까웠는데도 아무도 오지 않았 다. 이번 답사여행은 계속 행운이 뒤따른 듯했다. 열차가 떠날 때 차창으로 조씨와 작별인사를 나누고 돌아오면서 문이 열린 다른 객실을 둘러보아도 21번 객차에는 손님이 아무도 없었다. 다만 하늘색 제복을 입은 여승무원 둘 이 나에게 뭐라고 중얼거리는데 바보처럼 멍청히 서 있었더니 "영어는 좀 하느냐"고 물었다. "No Speak English"라고 답하자 두 사람은 황당하다는 듯 이 쳐다보고는 웃었다. 그들은 나에게 제스처와 러시아어와 영어를 섞어 가 며 주의를 주는데 아마도 열차가 정거장에 설 때는 화장실 사용을 하지 말라 는 뜻 같았다. 나는 잘 알았다고 고개를 끄덕이며 미소로 답하며 손을 모아 잘 부탁한다는 제스처로 답했다. 그들도 잘 알았다고 고개를 끄덕였다. 세 계 만국 공통어가 손짓 발짓임은 내 이미 익히 터득하고 있지 않은가.

17:00, 열차가 소리도 없이 블라디보스토크역 플랫폼을 벗어났다. 객차에 혼자 타고 간다는 것은 러시아 철도국에는 좀 미안했지만 나에게 여간 다행 한 일이 아니다. 더욱이 맨 뒤 칸이라 좌우 차창은 물론 열차 뒤 풍경까지 두 루 마음대로 살필 수 있기에 더더욱 좋았다. 여행 중 마음에 맞는 사람을 만 나 도란도란 얘기를 나누면 더없이 좋으련만 사실 그런 사람을 만나기란 쉬 운 일이 아니다. 만원 객차에 말도 통하지 않는 이국의 승객 틈에 꼼짝달싹 할 수 없이 오랜 시간 여행을 한다면 얼마나 불편하겠는가.

사실 나는 좀 별난 편이다. 특히 답사여행 중에는 차를 타고 가면서 사방을 두리번거리고, 별난 풍물을 보면 차를 세워 카메라에 담곤 하기에 집사람조차 나와 같이 다니기를 꺼려 한다. 그래서 나도 누군가 동행하면 상대 눈치를 보지 않을 수 없기에 가능한 답사여행은 혼자 다니는 편이다.

열차가 아무르만을 끼고 북으로 달리자 왼쪽 차창으로는 장관이 펼쳐졌다. 곧 수평선으로 넘어갈 해가 바다를 붉게 물들이고 있었다. 열차 뒤로는 곧게 뻗은 시베리아 철도가 뒤따르고 있었다. 어디선가 체첸의 비애가 담긴 노래 〈백학〉이 들려오는 듯하다. 잃어버린 나라를 찾기 위해 싸우다 '죽은 전사'를 찬미하는 이 노래는 약소민의 아픔이 물씬 묻은 노래다. 가사에는 '돌아오지 않은 병사'라는 노랫말이 있는데 꼭 일백 년 전 열차를 타고 이 길을 달렸던 안중근도 끝내 '돌아오지 않은 전사'가 아닌가.

18:00, 갑자기 차창에 비가 뿌렸다. 어둠으로 창밖의 풍경이 보이지 않자 차창에는 내 얼굴이 점차 선명해졌다. 사나이로 태어나 할 일도 많지만 이 늘그막에도, 잃어버린 나라를 찾겠다고 목숨을 버린 전사의 자취를 찾아가는 나는 참으로 행복한 사람이 아닌가. 갑자기 이번 답사 중에 죽어도 조금도 억울치 않다는 생각이 들었다.

19:00, 열차가 우수리스크에 도착했다. 덜컹덜컹 소리가 나는 걸 보아 객차를 분리시키는 것 같았다. 소리가 잠잠해 그제야 밖을 내다보니 내가 탄 객차만 따로 분리시켜 역사 옆 외진 철로 위에 떨어뜨려 놓고 본 열차는 북으로 달렸다. 그 열차는 시베리아를 횡단하는 열차인 모양으로 거기서 하바로프스크 방향으로 달리는 모양이었다. 곧 승무원이 왔다. 그들은 손짓 발짓에다 내 취재수첩에 숫자를 써 가며 설명을 하는데, 한참 들으니 이 객차는 여기서 머문 뒤 내일 아침 10시 20분에 이 역을 출발한다는 것이다. 그리고는 화장실 문을 다 잠갔으니까 용변이 보고 싶으면 자기들에게 말하면 역구내 화장실까지 데려다 주겠다는 것이다. 그리고는 절대로 밖으로 나가서는 안 된다고 거듭거듭 강조했다.

우수리스크역은 블라디보스토크에서 북쪽으로 130여 킬로미터 떨어진 곳으로, 블라디보스토크에서 출발하는 시베리아 철도가 국경도시 포브라니치나야를 지나 중국 목단강, 하얼빈으로 가는 동만 철도와 갈라지는 교차점이기도 하다. 이곳은 1870년 이래 한인 개척 이주지로 이상설이 작고할 1917년 무렵에는 일천여 호가 넘는 한인 밀집 지역이었다. 이와 같은 한인 사회를 배경으로 독립운동이 활발했던 유서 깊은 곳이다.

나는 별수 없이 객차에 갇힌 채 평양관에서 조씨가 사준 김밥을 맛있게 먹고는 잠을 청했다. 무려 15시간을 우수리스크역 철로 위 객차에서 갇혀 지내자면 잠보다 더 좋은 게 있겠는가.

안중근 행장 — 4

안중근은 이석산에게 강제로 여비를 빼앗다시피 마련하고는 동지 우덕순과 함께 블라디보스토크역에 갔다. 거기서 1909년 10월 21일 오전 8시 50분에 출발하는 우수리스크역까지 삼등 열차표 두 장을 산 뒤 열차에 올랐다. 동행 우덕순은 안중근이 목적지인 하얼빈까지 차표를 사면 더 값이 쌀 텐데 왜 그러지 않았는가를 캐묻지 않았다. 두 사람은 가슴 속에 브라우닝 7연발 권총을 깊숙이 품고 있었다. 그들은 어쩌면 마지막이 될 차창 밖 풍경을 뚫어지게 바라보았다. 아무르만 동쪽 기슭을 달리는 우편열차는 계속 북으로 향했다. 우덕순은 민요 〈아리랑〉을 흥얼거렸다.

"아리랑 아리랑 아리리요 / 아리랑 고개를 넘어간다 ⋯."
"자네의 〈아리랑〉은 언제 들어도 좋아."

맞은편 안중근은 눈을 지그시 감고는 노래에 취하더니 곧 잠이 들었다. 우덕순은 잠든 안중근을 바라보며 거사를 앞두고도 태연 담백한 그의 모습에 새삼 존경심이 우러났다.
1910년 10월 21일 오후 3시 6분, 완행 우편열차는 우수리스크에 도착하였다. 우수리스크에서 국경 포브라니치나야행 열차가 오후 4시 8분에 출발하기에 한 시간 정도 여유가 있었다.

"내가 차표를 사올 테니 자네는 그대로 있어."

안중근은 승차권 판매소로 가서 차표를 사오고는 우덕순에게 이등 승차표를 내밀었다.

"잠을 자 둬야 할 것 같아."

"그래서 비싼 이등 차표를 샀구면."

"아니, 쑤이펀허 세관에서는 이등객 이상의 짐은 검사하지 않는다고 하기에 …."

우덕순은 안중근의 세심함에 다시 한 번 탄복했다. 안중근은 매사에 신중했다. 안중근은 블라디보스토크에서 하얼빈행 표를 바로 사지 않고 중간 역 표를 샀다. 일본 고관의 하얼빈 방문을 눈앞에 둔 시점이라면 국경에서 엄중한 검사를 받을지도 모른다. 그들 가슴 깊숙한 곳에는 브라우닝 7연발 권총이 숨겨져 있지 아니한가. 그들은 이등 객실로 자리를 옮겼다.

오후 4시 8분 열차가 출발했다. 차창 밖 이국 풍물에 취하다가 잠이 드는 등 그들은 마지막이 될지도 모를 동청철도를 마냥 즐겼다.[16]

이때 동지 우덕순을 불러 거사 계획을 비밀히 약속한 다음 각각 권총을 휴대하고, 곧 길을 떠나 기차를 타고 가면서 생각하니 두 사람이 다 러시아어를 전혀 모르므로 걱정이 적지 않았다.[17]

'집 나가면 생고생'

제5일 2009년 10월 30일

02:00, 잠이 깼다. 역구내 철로에 객차가 있었기에 창밖은 플랫폼의 등불로 그리 어둡지 않았다. 화장실에 가고 싶었다. 객차 화장실에 갔더니 무지막지하게 잠겨 있었다. 아마도 열차가 서 있을 때 용변을 보면 오물이 역구내 철로에 쏟아지는 것을 막고자 그렇게 한 모양이었다. 객차 출입문도 꽁꽁 잠겨 있었다. 하는 수 없이 반대편 출입문 곁 승무원실로 가자 내 발자국 소리를 듣고는 승무원이 잠자리에서 일어나 외투를 걸치면서 복도로 나와 화장실을 안내해 주려고 했다. 그가 열쇠로 문을 열기에 나는 잠을 깨운 게 미안해서 나 혼자 다녀오겠다고 했다. 그는 싱긋 웃으며 다녀오라고 했다.

역 대합실에는 화장실이 보이지 않았다. 역무원에게 묻자 바깥의 다른 건물을 가리켰다. 불이 켜진 곳의 문을 열고 들어가자 화장실 어귀에 노파가 앉아 있었다. 창문에 보니 10루블이라고 적혀 있었다. 나는 지갑에서 1달러짜리 지폐를 건네주자 그는 손을 흔들었다. 다시 중국 화폐 10위안을 건네자 또 손을 흔들었다. 난감했다. 미국 달러는 대부분 나라에서는 다 통용이 되는데(북한에서도) 오로지 루블화만 받겠다고 고집하니 그를 설득시킬 만큼 말도 할 수 없었고 시간 여유도 없었다. 그때서야 블라디보스토크역에서 조씨에게 가지고 있던 루블화를 다 건네준 것이 후회 막급이었다.

하는 수 없이 객차로 돌아와 승무원에게 내 지갑을 열어 보이며 "Change

Money" 하자 그는 내 지갑에서 120위안을 집고는 500루블을 건네주었다. 내가 "Small Money"라고 말하자 그는 알아들었다며 10루블짜리 지폐 한 장을 더 건넸다. 나는 내 지갑에서 그에 해당하는 위안화를 더 가지고 가라니까 그는 됐다고 하면서 얼른 다녀오라고 했다.

나는 화장실을 다녀오면서 곰곰 생각해 보니 부쩍 화가 났다. 공공장소에 무료 화장실이 없다니. 이 나라에서는 돈이 없는 사람은 용변도 볼 수 없다는 말인가. 소변 한 번 보는데 세 차례나 객차에 들락거리고 거기다가 애꿎은 승무원 잠까지 깨워 더욱 화가 났다. '집 나가면 생고생'이라고 하더니 내가 영판 그 짝이었다.

역 앞 가게에서 먹을 것이라도 살까 살폈으나 늦은 밤이라 가까운 곳은 문이 닫혔다. 좀 먼 곳에 붉은 전등불이 켜 있었으나 그쪽으로는 발길을 돌리고 싶지 않았다. 국내에서도 그렇지만 해외에서도 늦은 밤 으슥한 골목길은 위험지대가 아닌가. 겨울 날씨로 밤공기가 찼다. 객차는 자체에 페치카 시설이 돼 있어서 승무원들이 이따금 석탄을 집어넣어 전체가 훈훈했다.

다시 잠을 청했으나 정신이 말똥말똥했다. 억지로 잠을 청하기보다는 다시 일어나 객차 내 탁자를 펴고는 가방의 책을 꺼냈다. 조선은 왜 일본에게 망했을까?

조선은 왜 망했을까

황현(黃玹)의 『매천야록(梅泉野錄)』을 번역한 김준 선생은 그 서문에서 다음과 같이 울분을 토하고 있다.

내가 처음으로 『매천야록』을 읽은 것은 절산재사에서 한창 경전을 탐독하던 19살 때였다. 그때 나는 이 망국사(亡國史)를 한줄 두줄 읽어가다가 치밀어 오르는 울화를 억누를 수 없어, 탁료수배(濁醪數杯, 막걸리 여러 잔)를 마시고는 청등벽라(靑燈碧羅, 얇은 비단을 씌운 푸른 등불)가 우거진 뜨락을 배회하면서 장탄식을 하곤 하였다. 그 것은 내가 갑자기 우국지사가 되었기 때문이 아니라 우리 민족과 강토가 호리(狐狸, 여우와 살쾡이) 같은 이민족에게 무참히 유린당한 그 참상이 한 서생으로 하여금 울분을 터뜨리게 족했기 때문이다.

우리 역사에 배움이 적은 나 역시 10여 년째 항일유적을 답사하면서 참고하고자 근현대사나 독립운동사를 읽을 때면 그와 같은 울분을 금할 수 없었다. 특히 조선 후기로 갈수록 지도층의 부패와 무능을 보면 망할 수밖에 없는 왕조였다. 다만 백성들의 힘으로 새 나라를 세우지 못하고 이민족에게 송두리째 나라와 강토를 빼앗긴 게 하늘에 사무치는 한으로 안타까웠다.

우리가 이웃 나라인 일본에게 침략을 당한 것은 이미 400여 년 전인 임진왜란 때였다. 우리는 일본을 '왜(倭)' '왜국(倭國)' '왜구(倭寇)' 등으로 업신여기면서, 지난날 우리 문화를 그들에게 전수해 준 우월감에 도취하여 그들을 얕보는 새, 일본은 도요토미 히데요시가 전국을 통일하고, 포르투갈이나 네덜란드 등 서구에서 입수한 조총을 만들어 대륙 정벌의 야욕을 불태웠다.

당시 조선 조정에서는 전쟁이 일어날 기미를 감지하고서도 전혀 대비치 않다가 일본이 쳐들어온 지 20일 만에 수도 한양을 내주고 선조 임금은 의주로 도망치기 바빴다. 곧 평양까지 점령당하자 선조 임금이 압록강을 건너 명나라로 몽진(蒙塵, 임금이 난리를 피하여 안전한 곳으로 떠남) 가려는 것을 충신 유성룡이 "전하께서 우리 땅을 한 발자국이라도 떠나신다면 조선 땅은 우리 것이 안 될 것이며 후일 백성들을 어찌 보려고 하십니까? 지금 동북의 여러 도가 남아 있고, 머지않아 호남지방에 충의의 선비들이 봉기할 것인데, 어찌 경솔히 명나라에 가십니까"라는 충간에 압록강을 건너려던 몽진 행렬은 멈췄지만 전란에 죽어가는 백성들의 안위보다 제 목숨 구걸에 급급한 못난 임금이었다.

1592년에 일어난 임진왜란은 당시 조선 인구 500만 가운데 약 300만이 희생된 우리 역사상 가장 비극적인 전쟁이었다. 왜군의 총칼에, 역질에, 난리 중 먹을 게 없어 굶어 죽었기 때문에 희생자가 많았다. 이때 임금을 비롯한 지도층들은 도망 다니기 바빴고, 왜군을 패주케 한 것은 이순신 장군의 수군과 전국 각지에서 일어난 의병(義兵), 승병(僧兵) 때문이었다.

이런 참혹한 전란을 겪고도 당쟁과 사화의 구태에서 벗어나지 못하다가 다시 1636년 병자호란을 맞았다. 인조 임금은 허겁지겁 남한산성으로 몽진을 갔으나 곧 청군에 포위되고 백성들은 청군의 칼날에 도륙을 당하고 젊은 여자들은 청군의 군막에 붙잡혀가 노리개가 되었다. 하는 수 없이 인조 임금이 한강나루 삼전도에 나아가 청태종에게 세 번 절하고 아홉 번 머리를 땅에 부딪치게 하는 삼배구두의 예를 올리며 항복 문서를 바쳤다. 그때 수많은 여자들이 청나라로 붙잡혀 갔는데 그들이 돌아오자 '환향녀(還鄕女)'라고 돌팔매질한 사대부들이었다.

조선 왕조는 당쟁과 사화가 잇달았는데, 이것은 국리민복의 정책 대결이 아닌 지배계층들 간의 관직 쟁탈전, 정권 쟁탈전으로 숱한 인재들을 희생시켰다. 오랜 당쟁의 마지막 산물은 세도정치로 조선 왕조는 이미 기울기 시작하였다. 순조(23대), 헌종(24대), 철종(25대)에 이르기까지 안동 김씨(잠깐 풍양 조씨)들의 60년간 세도정치는 조선 왕조를 파탄에 이르게 했다. 전정(田政), 군정(軍政), 환정(還政) 등 삼정(三政)의 문란에 백성들이 민란을 일으켰다.

토지세를 거두어들이는 전정의 경우, 무려 39종에 이르는 각종 부가세는 관리의 식사비, 여비, 가마 수리비, 감사의 유흥비, 지방 양반들의 족보 발간비, 서원의 제사 비용 등 온갖 명목으로 피땀 흘려 지은 백성들의 곡식을 뺏어 갔다.

군정의 문란상을 보면 '백골징포(白骨徵布)'라 하여 죽은 자의 군포를 자손에게 물리는가 하면, '인징(隣徵)'이라 하여 도망자의 군포를 이웃에게, '족징(族徵)'이라 하여 도망자의 군포를 친척에게까지 물리는가 하면, '황구첨정(黃口簽丁)'이라 하여 갓난아이들을 군적에 올리고 군포를 물렸다.

환정, 환곡(還穀)은 본래 백성들의 구휼책으로 기근이 들거나 춘궁기 때 관청에서 곡식을 빌려 주고 가을 추수 때 이를 돌려받는 제도로 이자를 붙이지 못하게 되어 있었다. 하지만 점차 이자가 붙기 시작하여 관청의 고리대로 변질되어 관리 아전들의 축재 수단으로 전락하였다. 그 무렵 환곡을 통한 수탈, 협잡, 농간의 방법은 100여 가지에 이르렀다는데 몇 가지만 예를 들면 백성들에게 빌려 줄 때는 썩은 쌀, 겨와 모래가 반 넘어 섞인 쌀을 주고는 돌려받을 때는 백옥 같은 흰쌀로만 돌려받았다.[18]

거기다가 나라의 요직은 세도 정치가들이 독식하자 백성들의 원한은 하늘을 찔러 평안도 홍경래의 난을 시작으로 경상도 진주민란 등 전국으로 파급하여 경상도에서 20군데, 전라도에서 37군데, 충청도에서 12군데를 비롯하여 경기도 황해도, 함경도까지 번져 갔다.

대원군의 등장으로 안동 김씨의 세도정치는 막을 내린 듯하였으나, 곧 이은 여흥 민씨의 등장은 군대가 난을 일으키는 임오군란에까지 이르렀고, 그래도 정신 차리지 못한 집권층의 부정부패와 탐관오리들의 백성 착취는 마침내 1894년 동학농민전쟁을 불러일으켰다.

관군이 농민군에 밀리자 조정은 청국에 농민군을 진압할 원병을 청하여 청군이 아산만에 상륙하자, 이때를 기다리던 일본이 조선에 상륙하여 우리나라를 두고 청일 양국이 각축을 벌였다. 이 청일전쟁에서 일본이 승리한 뒤 그 여세로 러일전쟁을 일으켜 영국 미국의 도움으로 승리한 뒤, 결국 우리는 1910년 8월 29일, "한국 황제 폐하는 한국 전부에 관한 일체 통치권을 완전, 그리고 영구히 일본 황제 폐하에게 양여함"이라는 한일병탄을 맞았다.

조선이 망한 데는 이웃 일본의 오랜 대륙 진출의 꿈인 정한론에 따른 야만적 침략에 있지만, 이를 경계하지 못한 조선 지배층의 무능과 부패, 대중화(大中華)에 대한 사대주의에 빠져 소중화(小中華)에 안주하다가 지난날 우리 문화의 수혜국인 일본에게 나라를 빼앗기는 '미꾸라지에게 뭐 물린 꼴'이 되고 말았다.

하얼빈행 열차

몇 권의 역사책을 들추는 새 바깥에 어둠이 걷히고 있었다. 아침 요기도 하고 마실 물도 살 겸 우수리스크역 앞 가게로 갔다. 이른 시간 탓인지 밥집들은 문을 열지 않았다. 슈퍼도 7시가 되어야 문을 열었다. "아는 것만큼 본다"고 하더니, 아는 것만큼 먹을 수밖에 없었다. 말도 통하지 않고 러시아 문자도 잘 몰라 슈퍼에서 기껏 산다는 게 눈에 보이는 비스킷 세 봉지와 한글로 된 맥스웰하우스 캔 커피, 그리고 생수 두 병을 샀다. 하얼빈에서 만날 김우종 선생이 10년 전에 만났을 때 당신 부인이 비스킷을 좋아한다는 말이 생각나서 드리려고 큰 봉지로 세 개를 샀다. 객차로 돌아오는데 꼭 내 집 카사와 빛깔도 모양새도 똑같은 고양이가 어슬렁어슬렁거렸다. 카메라를 객차에 두고 온 게 후회가 되었다. 객차에 오르면서 매번 문을 열어 주는 승무원에게 미안하여 비스킷 한 봉지를 주었다.

9:00, 객차에만 갇혀 있기가 무료해서 고양이도 촬영할 겸 우수리스크역 일대 아침 풍경도 구경하고자 객차에서 내리려고 하자 승무원들이 곧 열차가 떠날 거라며 나가지 못하게 했다. 그들은 말이 통하지 않는 데다가 어린이처럼 호기심이 많은 나를 물가에 풀어놓은 아이처럼 불안해 하는 눈치였다. 하기는 열차가 떠날 때 내가 자리에 없다면 어떻게 찾을 것인가.

곧 출발한다는 열차는 10시 50분에야 움직였다. 출발할 때 보니까 내가 탄 객차 뒤에 한 량이 더 붙었다. 국경을 넘어 쑤이펀허로 가는 열차는 14-15량의 객차를 달고 달렸다. 열차가 출발하자 승무원이 화장실 문을 열어 주면서 세면을 하라고 손짓을 했다. 나는 칫솔을 물고 세면대로 갔으나 수도꼭지에서 물이 나오지 않았다. 하는 수 없이 객실의 생수로 입안을 헹군 뒤 마침 지나가는 승무원에게 세면대에서 물이 나오지 않는다고 손짓을 하자 그는 세면기 아래 쇠막대를 올려 물을 틀어 주었다. 수도꼭지도 나라마다 달랐다. 유럽 여러 나라를 돌면서 보니까 화장실 변기 물 내리는 방법도 나라마다 다 달랐다.

사실, 나는 블라디보스토크에서 하얼빈행 열차를 탈 때는 장거리 여행이니까 으레 열차 내 식당칸도 있을 것으로 여겼다. 영화나 다큐멘터리 같은데서 보면 그랬다. 그런데 이 열차는 내 기대와는 달리 식당칸이 보이지 않았다. 이는 한 열차가 블라디보스토크에서 하얼빈까지 줄곧 가는 게 아니라 도중에 세 번이나 앞 기관차가 바뀌는 열차 노선인 데다가 장거리 손님은 거의 없기에 식당칸을 달고 다니지 않는 듯했다. 나중에서야 알았지만 그날 블라디보스토크-하얼빈 승객은 나 혼자뿐이었다.

텅 빈 객차지만 열차가 달릴 때는 지루하지 않았다. 드넓은 연해주 황무지 들판 지평선을 바라보는 경이감이랄까 즐거움이 있었다. 그새 황무지에는 들불을 놓아 까만 재로 뒤덮였는가 하면, 드문드문 밀밭에서는 파릇파릇한 새싹들이 자라고 있었다. 차창 밖 좌우가 지평선으로 새삼 '세상은 넓다'라는 말을 실감케 했다.

12:15, 자그마한 시골 역을 지났다. 플랫폼에는 1인 역장이 열차 비상정지 표를 들고 서 있었다. 열차는 단선으로 천천히 달렸다. 열차에 오른 지 그새 22시간이 지났지만 거리로는 삼분의 일도 이르지 못했다. 나는 '느림의 미학'을 마냥 즐기고 있다. 내 진작 바라던 바였다. 이번 답사여행은 육지 여정은 모두 열차로 이동하도록 계획을 세웠다. 블라디보스토크에서 하얼빈, 하얼빈에서 다롄, 모두 항공노선이 있지만 굳이 알아보지도, 계획에 넣지도

우수리스크에서 국경도시 포브라니치나야로 가는 철로변의
황량한 밀밭에는 새싹이 파릇파릇 돋아나고 있었다.

않은 것은 안중근이 모두 열차로 이동했기 때문이다. 낯선 고장의 참맛을 알려면 항공여행보다 기차나 버스여행이 더 바람직하다. 블라디보스토크-하얼빈행은 이틀 밤을 열차에서 자야 하기에 이틀치 숙박료를 절약하는 이점도 있다.

세상만사가 다 그렇지만 문명의 혜택이라는 것도 생각하기 나름이다. 잘 산다는 것, 출세했다는 것도 마찬가지다. 잘살면서 너무 좋은 음식만 먹는 사람은 그게 오히려 성인병의 원인이 되어 생명을 단축시키기도 한다. 또 벼락출세하고는 높은 자리에서 뇌물을 많이 챙겨 먹다가 그게 얹혀서 강이나 바다에 투신하는 사람도 있다. 가장 고위직인 대통령을 하고서도 그게 부끄럽다고 눈물을 흘린 전직 대통령도 있었다. 그런가 하면 영하의 감옥에서도 조국 광복을 꿈꾸며 일본의 사냥개가 된 자를 경멸하면서 행복을 누리는 지사도 있었다.

이런저런 생각을 하는 새 승무원이 오더니 곧 국경을 넘는다고 하면서 짐을 챙기고 여권을 준비하라고 했다. 그러고는 각 객실의 의자 밑까지 다 드러내 세관원이 한눈에 볼 수 있도록 준비했다.

국경을 넘다

12:50, 러시아 측 국경 역인 포브라니치나야역에 도착했다. 승무원은 짐을 모두 가지고 객차에서 내리라고 했다. 가방과 선물 보따리, 그리고 노트북 가방 등, 세 개의 짐을 끌거나 들고, 또 어깨에 메고는 플랫폼에 내렸다. 대부분의 승객은 국경 역인 이곳에서 내렸고, 나와 한 중국인만 국경을 넘어 러시아에서 중국으로 가는 승객이었다. 중국인과 나는 역무원의 지시에 따라 국경검문소 대기실로 가서 출국심사를 무작정 기다렸다.

러시아 관리들은 얼마 동안 기다리라는 말도 없었고, 중국인이나 나는 언어가 소통되지 않아 물어보지도 못하고 그냥 눈치껏 행동하면서 마냥 기다렸다. 중국인은 자기는 하바로프스크에서 출발했다고 하는데, 바로 내가 탄 객차 뒤 칸을 혼자서 타고 온 모양이었다. 그 칸은 승무원 1인에 승객 1인이고, 내가 탄 칸은 승무원 2인에 승객 1인이 타고 온 셈으로, 그동안 러시아나 중국이 자본주의 국가였다면 경영합리화로 벌써 오래 전에 폐선이 되었을 것이다. 성수기 때는 승객이 어느 정도인지 모르겠지만, 이런 상태라면 아마도 곧 이 노선이 주1회로 줄어들거나 아예 없어질 것이다. 국경지대라 러시아 군경도 눈에 자주 띄어 포브라니치나야 역사나 플랫폼 등을 카메라에 담지 못했다. 혹이나 국경법 위반으로 걸리면 그동안 찍은 장면마저 전부 지워야 하거나 카메라를 압수당하는 등 골치 아프게 당국에 연행될지 모르기 때문이었다. 화장실에 갔더니 거기도 사람이 지키며 12루블이나 받았다.

러시아 국경지대의 자그마한 시골 역.

출국 심사는 간단하게 끝났다. 러시아 관리는 내 여권과 비자를 한참 보더니 뭐라고 물었다. 하지만 나는 도무지 무슨 말인지 알아듣지 못해 벙어리처럼 잠자코 있었다. 그러자 그편에서 더 이상 질문을 포기하고 도장을 '꽝' 찍어 주었다. 침묵이 편리한 점도 있다. 사람들은 잘난 체 혀를 놀리다가, 또는 괜히 쓸데없이 혀를 잘못 놀리다가 하나밖에 없는 목숨도 잃지 않는가. 그래서 생긴 속담은 "혀 밑에 도끼 들었다"라는 말이다. 하지만 나는 전후좌우로 부지런히 머리를 돌리며 사주경계를 한 다음, 마침 아무도 없는 틈을 타 차창 밖 역사 풍경을 카메라 셔터를 얼른 두어 컷 눌렀다. 여기까지 와서 사진 한 장 남기지 않는다면 얼마나 허무하고 황당한 일인가. 하지만 역내 선로에는 많은 열차들이 머물고 있어 구도가 좋지 못했다. 하지만 그것으로도 만족키로 했다. 세상만사 비극은 대부분 과욕에서 빚어지지 않는가.

나는 역원의 지시에 따라 다시 타고 온 열차 객실에 올랐다. 객차 내에는 아무도 없기에 조심스레 카메라에 담긴 이미지를 검색하자 다행히 담겨 있었다. 하지만 선로 위 객차와 화차들뿐이라 불만족이었다. 나는 다시 고개를 뽑고 전후좌우 사주경계를 한 다음 차창을 통해 얼른 포브라니치나야 역사와 플랫폼을 잽싸게 한 컷 눌렀다. 사실 이곳은 안중근과 우덕순이 하얼빈으로 가는 도중에 러시아 말을 할 줄 아는 유동하(劉東夏)를 태운 국경 역이었다.

나는 객실에 앉아 사방을 두리번거리며 안중근이 열차에서 내려 정대호가 머물렀다는 역 구내 선로 위에 있는 일등 객차의 세관 숙소가 어디였을까 머릿속으로 상상하며 더듬어 보았다. 또 그날 안중근은 정대호를 만나지 못하자 거기서 가까운 한의사 유경집의 집을 찾아갔다. 그 집은 어디였을까 머릿속에 그려 보았다. 하지만 지금 나는 말도 통하지 않거니와 설사 말이

국경 검문소 대기실 창문으로 내다본 포브라니치나야역 일대.

통한다 해도 꼭 일백 년 전 그때를 제대로 증언해 줄 사람은 없을 것임으로 그 일대를 마음속에만 담아두었다.

15:40, 열차는 이 역에서 2시간 50분을 정차한 뒤에야 비로소 움직였다. 거기서 타는 승객이 꽤 많았지만 내가 탄 침대칸에는 새로 한 승객만 탔다. 60대 정도의 러시아 여인이었다. 그는 나에게 아주 세련된 윙크를 보내며 뭐라고 중얼거리는데 나는 무슨 말인지도 모르고 입을 닫은 채 미소만 보냈다.

여기서부터 중국 국경까지는 지대가 높은 탓인지 열차는 아주 쉬엄쉬엄 달렸다. 차창 밖에는 삼림지대로 자작나무 숲도 보였다. 숲은 겨울철이라 활엽수들은 죄다 나목으로 매우 을씨년스러웠다.

16:10, 자그마한 국경 역에 열차가 멈췄다. 중국군과 세관원이 승차하여 객차 내를 순시하면서 구석구석 샅샅이 뒤졌다.

16:40, 마침내 러시아 국기가 펄럭이는 국경 역을 벗어나 마침내 중국 땅에 들어섰다. 그러자 붉은색 오성 중국 국기가 가장 먼저 눈에 띄었다. 거기는 국경지대인 데다가 오름길인 듯, 열차는 계속 느릿느릿 달렸다. 내 보기에는 이 일대는 일백 년 전이나 별반 다름없어 보였다. 일백 년 전 안중근은 우덕순, 유동하와 함께 하얼빈행 열차를 타고 바로 이 철길을 달렸을 것이다. 그때 안중근은 이따금 권총을 품은 가슴에 손을 대며 이토 히로부미의 심장을 꿰뚫을 전의를 불태웠을 것이다.

오랜만에 열차가 터널을 지나는데 철로 곁에는 바윗덩어리가 그대로 남아 있었다. 철도 언저리 나무들은 제 수명을 다하고 쓰러진 고사목이 많았다. 국경지대라 철로가에는 중국군이 경계를 서고 있었는데 손을 흔들어 주자 나를 향해 거수경례했다. 나도 엉겁결에 거수경례로 답해 주었다.

이토 히로부미의
심장을 꿰뚫다

하얼빈역 거사시의 복장을 보여주는 안중근 의사의 모자 쓴
사진으로, 연행 직후 곧바로 촬영된 것으로 보인다.

중국 땅 쑤이펀허

17:20, 중국 땅 쑤이펀허(綏芬河)에 도착했다. 승무원은 객실로 와서 짐을 모두 싸 들고 역 대합실로 가서 중국 입국 통관절차를 받으라고 했다. 나는 또 짐을 많이 들고 온 것을 후회했다. 다행히 승객은 적은 데다가 입국 통관 절차는 번거롭지 않아 10여 분 만에 객차로 돌아올 수 있었다. 곧 남녀 두 사람이 내 객실 문을 두드리더니 중국 돈과 계산기를 흔들어 보였다. 나는 눈치로 쓰고 남은 러시아 돈을 중국 돈으로 바꾸라는 제스처로 알고 주머니를 뒤지자 지폐 280루블과 동전 20루블 정도가 나왔다. 그들은 종이돈만 두꺼비 파리 잡듯이 얼른 낚아챈 뒤 50위안 지폐 한 장을 후딱 주고 동전은 거들떠보지도 않고 사라졌다.

쑤이펀허역 플랫폼에는 '安全高效打造黃金通道(안전고효타조황금통도)'라는 글이 붉은 바탕에 황금색으로 커다랗게 새겨져 있었다. 내 얕은 한자 실력으로 풀이해 보니 "안전과 높은 효율은 황금을 만드는 길과 통한다"라는 말로 이해되었다. 러시아도 그랬지만 중국 전역도 온통 황금, 곧 돈과 부(富)를 표어로 군데군데 많이 새겨두고 있었다. 한때 공산주의 종주국 러시아는 물론 중국까지도 황금에 더 극성을 부리는 것으로 보여 나그네 마음은 마냥 씁쓸했다. 예로부터 중국인들은 "돈이 있으면 귀신이 연자방아를 돌리게 할 수 있다"고 할 만큼 그들의 돈에 대한 집착력은 대단했다. 하기는 지금 중국은 미국의 달러를 긁어모아 주체치 못하고 있는 실정이 아닌가.

綏芬河站

국경도시 쑤이펀허역 플랫폼.

쑤이펀허에서 또 내가 탄 객차는 앞으로 뒤로 끌더니 오던 철길과는 전혀 다른 철길의 열차에다 붙였다. 하지만 승무원은 바뀌지 않았다. 객차 연결이 끝나자 승무원은 내 객실로 오더니 빙긋 웃으며 두 손을 귀에 대는 제스처를 했다. 아마도 여기서 푹 자라는 신호 같았다. 이 선로 위에서 또 오래 정거할 예정인가 보았다. 연해주와 중국은 두 시간의 시차가 있기에 손목시계를 끄르고는 시침을 두 시간 뒤도 돌렸다.

그새 날이 어두워지기 시작했다. 꼼짝없이 객차 안에서 쑤이펀허역 언저리를 일대를 살피니 공장과 주택 굴뚝에서 쏟아진 노란, 또는 회색 석탄 연기가 하늘을 온통 뒤덮었다. 대단한 매연이었다. 그 매연들이 바람을 타고 중국 전역은 물론 한국, 일본 등지까지 옮겨갈 테다.

19:40, 열차는 쑤이펀허역 도착 4시간 20분 동안이나 떠나지 않고 역 구내에서 계속 머물고 있었다. 나의 인내심을 테스트하는 여행이었다. 다행히 나는 전방 소대장으로 군복무 중 깊은 산중에서 홀로 지낸 적이 많았다. 그때 터득한 인내심과 지구력이 후일 내 인생에 많은 도움이 된 것 같다. 광주 보병학교를 수료한 뒤 더플백을 메고 전방으로 배치받았을 때는 섭섭했지만 전방 말단 소대장 생활이 인내심과 지구력을 길렀던 좋은 체험이었다.

러시아나 중국 철도청은 장거리 승객의 식사 대책은 전혀 없는, 각자 알아서 하라는 모양이었다. 이런 사실을 전혀 몰랐던 나는 우수리스크역에서 산 비스킷과 생수로 그때그때 요기했다. 그나마 그것마저 준비치 않았더라면 쫄딱 굶을 뻔했다. 김우종 선생 사모님에게 드릴 비스킷마저도 야금야금 다 먹어 버렸다. 답사자는 여행지에 대한 사전정보가 없으면 시행착오가 많기 마련이다. 아마도 우리 인생길도 이와 다름이 없을 것이다. 그래서 사람에게는 교육과 선인들이 남긴 독서가 필요한 것이다.

안중근 행장 — 5

안중근과 우덕순이 탄 우편열차는 1910년 10월 21일 오후 9시 25분에 포브라니치나야(*안응칠 역사에서 쑤이펀허라고 표기한 것은 명백한 오기로 보임)에 도착했다. 하얼빈행 우편열차는 10시 30분에 발차한다. 안중근은 우덕순에게 말했다.

"여기서 한 사람이 새로 가담할는지도 몰라."

"내가 아는 사람인가?"

"글쎄, 아직 누구라고 정한 건 아니야. 아무래도 러시아어를 아는 사람이 필요해."

"그건 그래."

"출발 전까지 돌아올 테니까 여기 꼼짝 말고 기다리게."

"알았네. 잘 다녀 와."

안중근은 먼저 세관 숙소로 갔다. 역구내 선로에 있는 일등차가 세관원 숙소였다. 세관주사 정대호(鄭大鎬)는 진남포에서 청국의 무역사무소에 근무하여 알게 된 사이로, 1908년 9월에 단신으로 이곳에 부임하여 근무하고 있었다. 원래 정대호는 의병투쟁에 비판적이었다. 그저 가족과 더불어 지내면서 자녀 교육에 전념하는 것이 어른 된 도리라고 생각하는 사람이었다. 안중근이 1909년 6월에 정대호를 만났을 때 "자네도 처자를 불러들여 평온한 생활을 즐기는 게 어때"라고 권유를 받은 적이 있었다. 정대호는 진남포에 두고 온 아내 아려가 두 아들을 떠맡고 망연자실하고 있다는 얘기도 전했다. 그때 안중근은 정대호에게 "국가를 잊고 나 자신의 안락을 구할 수 없다"고 반발했다. 그러나 1909년 9월 안중근이 다시 쑤이 펀허에서 정대호를 만났을 때는 "자네가 진남포에 갔을 때, 내 아내가 이곳으로 오고 싶다면 데려다주게" 하고 부탁했다. 세관원 숙소에서 정대호를 찾았지만 관리인인 듯한 중국인이 얼굴을 내밀었다.

"정씨는 휴가를 얻어 보름 전에 한국에 갔어요."

"무슨 일로 갔지?"

"가족을 데리러 갔는데 월말에는 돌아올 것 같아요."

안중근은 다시 발걸음을 돌려 역 가까이 있는 한의사 유경집을 찾았다. 그는 정대호를 통해 알게 된 사이였다.

"정대호가 제 처자를 데려오기 때문에 하얼빈으로 마중 가는 길입니다."

안중근은 능청스럽게 거짓말을 했다.

"자네도 이제 정착한다니 다행일세. 부인과 아이들이 기뻐할 걸세."

"그런데 어르신, 제가 아내를 마중 간다고 해도 하얼빈에는 아는 사람도 없고, 러시아어도 몰라 걱정입니다. 그래서 부탁드립니다.

아드님이 러시아어에 능통하다는데 저의 통역으로 붙여 주지 않겠습니까. 아드님 왕복 여비는 제가 부담하겠습니다."

"마침 잘됐군. 하얼빈에서 약재를 사 와야 하는데 아들이 어려서 혼자 보낼 수 있을까 망설이던 참이었는데."

유경집은 아들 유동하(劉東夏)를 불렀, 열일곱 살로 몸집이 작고 앳된 얼굴 탓인지 어린아이같이 귀여웠다.

"빨리 하얼빈 갈 준비를 해. 그동안 사야 할 약재는 적어 둘 테니."

"네? 하얼빈에 간다고요."

유동하는 영문도 모르고 뛸 듯이 기뻐했다. 그는 원산 태생으로 15세에 결혼했지만 아이는 없었다. 유동하가 금세 차비를 갖추고 나왔다.

"그럼 어르신, 아드님을 데리고 가겠습니다."

"가능한 빨리 돌려보내 주게나."

"네, 염려 마십시오."[19]

도중에 포브라니치나야에 이르러 유동하를 불러내어 부탁하기를 "지금 내가 가족들을 맞이하기 위해서 하얼빈으로 가는데, 내가 러시아 말을 몰라 답답하네. 자네가 거기에 같이 가서 통역을 해주고 여러 가지 일을 주선해 줄 수 있겠는가?" 하였더니 유(劉)의 말이 "저 역시 약을 사러 하얼빈으로 가려는 참이라 같이 가는 것이 참 잘된 일이오" 하므로 곧 길을 떠나 동행케 되었다.[20]

21:20, 쑤이펀허에 머문 지 꼭 6시간 만에 열차가 출발했다. 열차는 중국

동북 헤이룽장성 어두컴컴한 대평원을 달렸다. 열차는 객차를 많이 달고 있는 양, 굽이 길에서는 앞쪽의 객차가 활모양으로 휘어 다 보였다. 어림잡아 열대여섯 칸은 달고 달리는 듯했다.

안중근이 이 평원을 밤새 달려가 포살(捕殺, 잡아 죽임)하고자 하는 나라의 원수 이토 히로부미는 어떤 인물일까? 일본인 작가 미요시 도오루(三好徹)가 쓴 『이토 히로부미』와 정일성의 『이토 히로부미』 두 책을 대조하며 책장을 넘겼다.

이토 히로부미 행장 — 1

이토 히로부미, 그에 대한 평가는 한일 양국에서 극과 극이다. 우리나라에서는 나라를 빼앗아간 침략의 원흉이지만, 일본에서는 일본을 제국주의 반석에 올려놓은 근대 일본의 아버지로 평가되는 인물이다. 그는 1841년 10월 14일 일본 스오구니(周防國, 현 야마구치 현 히카리 시)에서 가난한 농민의 아들로 태어나 쇼가손숙(松下村塾)에서 요시다 쇼인(吉田松陰)에게서 배웠다. 젊었을 때는 영국공사관을 습격하고, 국학자인 하나와 다다토미(塙忠宝)를 암살하는 등 열혈 과격파였다. 그는 초슈(長州)의 지도자들에게 빼어난 능력을 인정받아 발탁되어 그들의 주선으로 영국 유학을 다녀왔고, 그 뒤 출세를 거듭하여 초대 내각총리(총리대신 4회 역임), 초대 추밀원장을 지내는 등, 근대 일본의 가장 훌륭한 정치가 가운데 하나였다. 일본인들은 1963년부터 1984년까지 그들이 가장 많이 썼던 1천 엔(圓) 지폐에 그의 초상을 담을 만큼 대단한 인물로 추앙하고 있다.

1905년 11월에 을사늑약 후, 대한제국 통치를 위해 조선통감부가 설치되자 이토는 초대 통감으로 취임했으며, 조선에 대한 일본의 실질적인 지배권을 행사했다. 이 시기 그의 정책은 결국 조선에 반감을 불러왔다. 1907년 7월 이토는 헤이그 밀사 사건을 빌미로 고종을 강제로 양위시켰다. 이러한 그의 공이 인정되어 67세 때 일본 최고위 작위인 공작(公爵)을 수여받았다. 1909년 조선통감을 사임하고, 추밀원 의장으로 복귀하였다. 이토 히로부미는 가난한 농민의 아들에서 일인지하 만인지상인 내각총리를 네 번이나 역임한 입지의 인물이지만 죽음은 그를 피해 가지 않았다.

1909년 10월 초순, 예순여덟인 이토는 자신의 죽음을 예감했는지 해외유학 준비 중인 아들을 오이소(大磯) 자택으로 일부러 불렀다. 아들 분키치는 그때 스물네 살로, 이토가 본부인이 아닌 첩에게서 얻은 늦둥이였다. 이토는 아들에게 일렀다.

"사람에게는 타고난 천분이 있다. 나는 너에게 아비의 뜻을 계승하라고 강요하지 않는다. 타고난 천분이라면 비록 네가 거지가 되더라도 결코 슬퍼하지 않을 것이며, 부자가 되더라도 기뻐하지 않을 것이다."

이어 이토는 천황에 대한 충성을 강조한 뒤에 이렇게 말했다.

"충성 다음으로 필요한 것이 지성(至誠)이다. 지성은 귀신을 울게 하고 천지를 움직인다고 하는데, 이는 진실이다. 나는 젊은 시절부터 심신을 군주에게 바치고, 나라를 위해 최선을 다하려고 노력해 왔다. 이 마음은 오로지 지성이란 단어로 집약된다. 반드시 귀신을 울리고 천지를 움직여 보이겠다고 다짐했다. 너도 충의 다음으로 지성이란 글자를 깊이 가슴에 새겨라."

"읽는 학문도 필요하지만 듣는 학문도 필요하다. 사람은 살아 있는 책이어야 한다. 서양에 도착하면 사람들과 많이 접촉해 식견을 넓혀라. 그 누구와 만나 그 어떤 문제를 토론하더라도 대화 상대가 될 수 있어야 한다. 사물에는 반드시 겉과 속이 있다. 넓고 깊게 사물의 안팎을 통찰할 수 있는 것이 안목이다. 정밀한 관찰은 서양인의 특색이며, 조잡한 관찰은 동양인의 약점이다."

"사물에는 이루어지는 순서가 있다. 돌발적이거나 서둘러서는 안 된다. 상식적이고 주도면밀한 운용이 필요하다. 천하의 일을 추진하노라면 목숨을 걸어야 할 경우가 생긴다. 나는 지금까지 살아 있다는 것이 이상할 지경이다. 너도 네 뜻을 이루려면 죽음을 각오하라. 의존심을 가져서는 안 된다. 다른 사람의 힘에 의존하지 말고 네 힘으로 해라."

먼 길을 떠나며 아들에게 마치 유언을 하는 듯하다. 이토는 출국 전 국제신문협회 초청 연설 뒤 한 외신기자로부터 질문을 받았다.

"어렵고 위험한 상황에 처했던 과거의 체험을 떠올릴 때가 있는가?"

"나는 항상 위험에 노출되어 있다. 과거에는 다소 목숨에 애착을 가졌으나 요즘에는 덤으로 살고 있다고 여긴다. 국가에 도움이 된다면 기꺼이 죽을 수 있다. 내가 우려하는 마지막 문제는 대한제국이므로 그 문제만 해결되면 걱정할 것 없다."[21]

이토는 자신의 죽음을 예감한 듯하다. 1909년 10월 중순부터 하순까지 그의 마지막 여정을 살펴본다.

1909년 10월 14일

오후 5시 20분 추밀원장 이토 히로부미가 오이소(大磯)역에서 시모노세키행 급행열차에 올라탔다. 이 열차는 평소에는 오이소역에 정차하지 않지만 만주시찰을 떠나는 원로를 위하여 특별히 임시 정차했다. 플록 코트에 중산모자를 쓴 이토는 전송하는 사람들에게 일일이 인사를 하는데 얼굴에는 기쁨이 가득했다. 열차가 움직이자 이토는 플랫폼에 전송 나온 100여 명의 친지에게 외쳤다.

"여러분, 설에는 좋은 술을 함께 마십시다."

그러자 플랫폼의 전송객들이 떠나는 이토 공을 향해 화답했다.

"이토 공작 만세!"

그 환성을 뒤로 하며 이토는 오이소를 떠났다. 이 세상 마지막 여행을 떠나고 있었다.

1909년 10월 15일

이토 일행은 이날 시모노세키에 도착하여 청일강화회담이 열린 순반로(春帆樓)에서 하룻밤을 묵었다. 이곳은 그가 하급 무사 시절 추억이 많은 곳이자, 청일전쟁 뒤 청국과 강화회담 당시 이홍장과 담판을 지은 곳이기도 하다.

1909년 10월 16일

이토 일행은 이날 낮 모지(門司)항을 출항하는 오사카 상선 데츠레이마루(鐵嶺丸)를 타고 출발해 1909년 10월 18일 정오에 다롄항에 하선했다.

1909년 10월 19일

이날 다롄에서는 일본인, 중국인, 유럽인 등 300여 명이 참석하여 이토 히로부미를 위한 '관민연합환영회'가 열었다.

1909년 10월 20일

이날 이토 히로부미는 관동주의 주청 소재지인 뤼순을 방문하였다. 뤼순은 요동반도 최남단이며 남쪽으로는 산동반도의 위해위를 마주보고 있다. 동서로 두 개의 항구를 가졌는데 넓고 물이 얕은 동쪽 항구는 어선의 정착장이고, 좁은 서항은 1696년부터 청국 해군의 근거지였다.

1909년 10월 21일

이토는 뤼순 이룡산에 올라 러일전쟁 전사자 무덤에 참배했다.

1909년 10월 24일

이토 히로부미는 무순(撫順)탄광 시찰에 나섰다. 무순은 펑톈(지금의 선양)에서 동쪽으로 30킬로미터 떨어진 중국 최대 탄전이다. 사방 60평방킬로미터의 거대한 광구로 석탄 추정 매장량은 9억5천만 톤에 이른다. 탄층 두께는 20미터에서 최대 130미터로 평균 40미터인 노천탄광이다.[22]

거사의 현장 하얼빈

제6일 2009년 10월 30일

02:00, 잠이 깼다. 열차는 헤이룽장성 대평원을 달리고 있었다. '철거덩철거덩' 거리는 소리로 짐작컨대 철교를 지나는 듯했다. 하지만 초행길이고 한밤중이라 어디를 지나는지 알 수가 없었다. 하기는 굳이 알아서 무엇하겠는가. 다시 잠을 청했다.

06:00, 오랜만에 열차가 정차하기에 차창 밖을 내다보니 평산(平山)역이었다. 헤이룽장성 지도를 펴보자 하얼빈역과 그리 멀지 않았다. 세면실로 가 그새 무척 자란 수염도 깎고 손도 닦았다.

승무원이 출입문을 두드리기에 문을 열자 활짝 웃으며 홍차와 빵, 그리고 베이컨 서너 조각을 담은 쟁반을 건넸다. 아마도 우수리스크에서 비스킷을 한 봉지 선물한 답례인가 보다. 세상만사 "기브 앤 테이크"이다. 비스킷에 생수만 마시다가 뜨거운 홍차에 빵과 베이컨을 먹자 꿀맛이었다. 쟁반을 비운 뒤 승무원실로 돌려주면서 이름을 묻자 '마리나'와 '시바에따'라고 했다. 기념으로 사진 한 컷 찍겠다고 했더니 두 여자 다 화장을 하지 않았다고 질겁하며 사양했다. 어느 나라 여성이나 비슷했다. 여성들은 대체로 젊고 예쁘다면 좋아하고 얼굴 화장에 몹시 신경을 썼다. 하기는 남성도 마찬가지다.

아성(阿城)이라는 역에 정차하는데 창고건물에는 '火警119'라는 붉은 글

啤酒感觉

广告位招商
13313600085

하얼빈역

하얼빈역 플랫폼. 이토 히로부미가 열차에서 내려 러시아군 의장대의 사열을 받다가
안중근 의사의 총탄에 숨진 곳이다.

씨가 새겨져 있다. 아마도 '불조심 119'라는 뜻인가 보다. 도시가 클수록 고
층 아파트가 많았다. 지구촌 곳곳이 고층 아파트로 숲을 이루고 있다. 몇 해
전 압록강에 접한 단둥(丹東)도 온통 고층 아파트로 강을 가렸다. 하얼빈 부
근은 검은 유연탄 저장터가 많았다. 철도변 주택 굴뚝에서는 노랗거나 검
은 석탄 연기가 모락모락 피어올랐다. 하지만 도심에 가까울수록 고층 아파
트가 시야를 가렸다. 꼭 9년 만에 다시 찾는 하얼빈에는 그때보다 훨씬 고층
아파트가 더 많이 들어섰다.

하얼빈은 북만주 벌판, 동북 평원 중앙에 자리 잡는 헤이룽장성 성도(省
都)로서 인구 550여 만의 도시다. 하얼빈(哈爾濱)이란 지명은 여진족어로는
'명예', 만주어로는 '그물을 말리는 곳'이라는 뜻으로, 이 도시는 19세기 무

렙까지는 송화강 연변에 어민이 옹기종기 몰려 살았던 자그마한 어촌에 지나지 않았다. 이 작은 어촌이 널리 알려지게 된 것은 러시아가 동청철도를 부설하여 교통 중심지가 된 이후다. 1917년 러시아혁명 이후에는 약 50만 명의 러시아인들이 이곳으로 이주하여 이미 정착하고 있는 러시아인들과 함께 러시아 타운을 이루기도 했다. 지금도 하얼빈에 러시아 색깔이 짙게 남아 있는 것은 이런 까닭이다.

이 하얼빈은 근대 중국의 역사와 같은 풍운의 도시로, 청나라에서 러시아 점령 시대를 거쳐 1932년부터 제2차 세계대전이 끝날 때까지 일본의 점령지였다. 이 하얼빈이 우리나라 사람들 귀에 익게 된 것은, 안중근이 1909년 10월 26일 하얼빈 플랫폼에서 침략의 원흉 이토 히로부미를 장쾌하게 쓰러뜨린 이후다. 그래서 우리나라 사람들은 하얼빈 하면 '안중근과 이토 히로부미'를 연상한다. 또한, 일제강점기에 대륙침략 거점도시로서 남쪽 교외에는 인간 생체실험을 한 마루타 부대(제731부대)가 있었던 음울한 곳으로, 겨울이면 영하 30-40도를 오르내리는 북국의 고장이다.

07:45, 열차 승차 뒤 꼬박 40시간 45분(시차 2시간 포함) 만에 목적지에 도착했다. 내 생애에 가장 긴 열차 여행이었다. 무거운 가방을 끌거나 들고서 출구로 가는데 구내 계단에 낯익은 노인이 손을 번쩍 치켜들고 반겨 맞았다. 김우종 선생이었다. 검은 오버코트와 털모자에 장갑을 낀 방한 복장으로 흡사 마오(毛) 주석 같은 모습이었다.

"해삼위(블라디보스토크)에서 쑤이펀허를 거쳐 하얼빈에 오는 선생의 정성에 감읍했소."

"이른 아침에 마중 나와 주셔서 고맙습니다."

"내 평생 숱한 하얼빈 답사자를 만났지만 선생처럼 해삼위에서부터 열차를 타고 온 이는 처음이오. 그 열정에 나도 여기까지 마중을 나오지 않을 수 없었소."

헤이룽장성 당사연구소장 김우종 선생이 안중근 의사가 권총을 쏜 자리에서
방아쇠를 당기는 자세로 이토 히로부미가 쓰러진 자리를 가리키고 있다.

우리는 곧장 거기서 멀지 않은 역구내 안중근 의사의 의거 장소로 갔다. 내가 처음으로 하얼빈을 답사했을 때인 1999년에는 의거 장소에 아무런 표지가 없었지만 지금은 안중근이 총을 쏜 자리는 세모로, 이토 히로부미가 쓰러진 자리는 다이아몬드 꼴로 표시가 되어 있었다.

만주국 시절에는 이토 히로부미가 안 의사의 총에 맞아 쓰러진 그 자리에다 1미터 높이로 유리집을 지어놓고 전등을 켜서 표지를 해두었다고 하지만, 중국이 해방된 뒤 그 표지를 흔적도 없이 지워 버렸다고 했다. 하지만 하얼빈에 사는 민족혼을 지닌 우리 동포라면 어찌 그 지점을 지울 수 있으랴. 조선 민족의 역사를 연구하는 서명훈 선생은 당신의 가슴속에 또렷이 그 표지를 새겨놓고 지난 역사를 증언했다. 서 선생은 당신이 발걸음으로 재면서 대합실 개찰구에서 정확히 5간(약 9미터) 거리 지점이 안 의사가 총을 쏜 자리요, 그때 안 의사와 이토 히로부미 사이의 거리는 2.5간이라고, 당신이 발걸음으로 가늠하면서 우리 일행에게 정확한 지점을 알려주었다. 다행히 우리 일행은 서 선생의 증언으로 정확한 지점을 확인할 수 있었지만, 다른 분들이야 어찌 그 지점을 정확히 알 수 있겠는가? 이제라도 우리나라 국가보훈처나 광복회가 나서서 헤이룽장성 인민정부의 양해 아래 이 자리에다 '안중근 의사 의거'라는 동판이라도 바닥에 새겨 둔다면, 후세 사람들에게 역사의 현장을 적확히 알리는 귀중한 기념물이 될 것이다.[23]

아무튼 의거터가 새로이 표시된 것은 대단히 반가운 일이었다. 내 욕심 같아서는 그 바닥에 동판으로 '안중근의사의거구지(安重根義士義擧舊址)'라는 글씨까지도 새겨 놓았더라면 더 이상 바랄 게 없는, 비단에 수를 놓는 일이 될 것이다.

김우종 선생은 이 일을 중국 당국과 교섭하며 성사시키는 데에 많은 공이 들었다면서 앞으로 기회가 있으면 그것도 추진해 보겠다고 희망적인 말씀을 하셨다. 그러면서 안중근 의사야말로 이념을 초월하여 남북한에서 다 함께 추앙하는 인물이라고, 어디 흠 하나 없는 우리 민족의 진정한 영웅이라고 찬양했다.

안중근 행장 — 6

1910년 10월 22일 오후 9시 15분, 안중근, 우덕순, 유동하는 긴 여로 끝에 마침내 하얼빈에 도착했다. 세 사람은 유동하의 사돈인 김성백의 집을 찾아갔다. 유동하 여동생이 김성백의 제수(넷째 아우 부인)였다. 김성백은 하얼빈 한인회장으로 동흥학교(東興學校)에서 동포들에게 러시아어를 가르쳤다. 김성백은 외출 중이었지만 부인은 손님을 따뜻이 맞으며 저녁을 지어 대접했다. 안중근과 우덕순은 같은 방에 자고 유동하는 다른 방에서 잠을 잤다.

1910년 10월 23일 오전, 안중근과 우덕순은 10월 23일자 조선어신문 『원동보(遠東報)』를 통하여 10월 26일 아침 이토 히로부미가 하얼빈에 온다는 기사를 보았다.

전 조선통감 이토 히로부미는, 동청철도총국의 특별열차편으로 10월 25일 오후 11시에 관성자역을 출발하여, 러시아 재무장관이 코코프체프가 기다리는 하얼빈으로 향한다.

두 사람은 눈을 부릅뜨고 다시 읽고는 목소리를 낮춰 소곤거렸다.
"관성자(창춘)에서 밤 11시 출발한다면 하얼빈에는 몇 시쯤 도착할까?"

"글쎄, 특별열차는 도중의 역에 그다지 서지를 않으니까 통상의 시간보다 빨리 도착할 테지."

이런 계산은 상인인 우덕순이 치밀했다. 그는 담배 행상으로 이곳저곳을 두루 다녀 정보에 빨랐다.

"이토가 하얼빈에 도착할 때는 코코프체프 러시아 재무장관이 영접할 테니 정거장 경비가 삼엄하겠지."

"아마 그럴 거야."

안중근의 표정이 어두워졌다.

"러시아 측 정보를 들을 수 없으니 답답하구먼. 유동하의 러시아어는 생각보다 부족하고 너무 나이가 어려서 여차할 때 도움이 될 것 같지가 않아."

"러시아어를 잘할 수 있는 또 한 사람을 구하는 게 어때?"

"그렇게 하지 않으면 우리 계획이 실패할 거야. 하얼빈 정거장에서 결행이 어려우면 좀더 남쪽으로 갈 수밖에 없어."

"나도 같은 생각이야. 도중의 역이라면 아무래도 경계도 약할 거야."

동청철도는 단선이기 때문에 비록 특별열차라 하더라도 우편열차나 화물열차와 엇갈릴 때에는 큰 역에서 정차하지 않을 수 없었다. 그 정차 역을 알 수 있다면 미리 가서 숨어 기다리는 편이 훨씬 성공률이 높다는 판단이 들었다. 동청철도 종업원은 러시아인과 청국인이지만 철도 관리나 경비원은 모두 러시아인이었다. 중도 역에서 잠복하더라도 러시아어를 알지 못하면 정보를 얻을 수 없었다.

안중근이 문득 정대호를 통해 알게 된 조도선(曺道先)이 떠올랐다. 그는 함경남도 홍원 사람으로 '동학혁명'에 가담하여 관헌에게 쫓기자 블라디보스토크로 도망쳤다. 그런 뒤 떠돌이 광부로 전전하다가 이르쿠츠크에 정착하여 러시아 여성과 결혼한 뒤 세탁업을 하였다. 그런 가운데 조도선은 신흥도시 하얼빈이 경기가 좋을 것 같아 혼자 이곳으로 온 뒤 고향 출신 김성옥 집에 머물고 있었다. 안중근과 우덕순은 하얼빈한인회의 총무와 『대동공보』 통신원을 맡고 있는 김형재를 앞세우고 김성옥 집으로 조도선을 찾아갔다. 안중근이 조도선에게 간곡히 부탁했다.

"나는 가족을 맞으러 가지만 러시아어를 못해요. 통역으로 동행해주시면 고맙겠습니다."

"언제 가십니까?"

"내일이라도 하얼빈을 출발하여 관성자까지 갈 생각입니다."

"곤란합니다. 제 처가 이르쿠츠크에서 곧 도착할 예정입니다."

"언제 도착합니까?"

"어제 전보를 쳤으니 사오 일 후가 되겠지요."

"그렇다면 우리들은 이삼 일 만에 하얼빈으로 돌아오니까 지장이 없을 겁니다. 제발 도와주십시오."

이때 조도선은 '안중근이라는 사람 사귀어서 손해 볼 사람이 아니다'라는 정대호의 말이 퍼뜩 떠올랐다.

"좋습니다. 도와드리지요."

"오늘 저녁 김성백 씨 집으로 와 주십시오."

안중근과 우덕순은 새로운 동지를 구한 뒤 유동하를 앞세우고 하얼빈 구경을 한다는 구실로 하얼빈역 주변을 안내케 했다. 하얼빈역으로 가 남행열차 시간을 확인하고는 중국인 사진관에 가서 세 사람은 기념촬영도 했다.

저녁식사 후 안중근과 우덕순은 유동하를 불렀다.

"주인 김성백 씨가 늦게 돌아온다니까 자네가 학교에 심부름 좀 가줄까?"

"무슨 일입니까?"

"내일 기차를 타고 남쪽으로 가야 하는데 여비가 부족해서 그래. 곧 돌려줄 테니까 50원 정도 빌렸으면 해서."

"그런 일이라면 직접 부탁하시지요."

"내일 아침 일찍 출발해야 되고, 아무래도 친척인 자네가 부탁하는 게…."

유동하는 어찌할 바를 몰랐다. 당초 하얼빈에는 약재를 사러 온 것이었다. 아버지가 볼일을 보고 빨리 돌아오라고 단단히 일렀는데, 두 사람은 남쪽으로 간다고 하지 않는가.

"곧 돌려준다 해도 아무런 보증이 없으면 부탁할 수 없어요."

"그건 염려할 필요 없네. 블라디보스토크의 『대동공보』에서 이쪽으로 확실하게 50원 송금이 오게 되어 있으니까."

"틀림없습니까?"

"그럼, 마침 자네에게 러시아어로 겉봉을 써달라고 부탁하려던 참이야."

안중근은 한문으로 쓴 편지를 보여주었지만 유동하는 한자를 읽지 못했다.

블라디보스토크 대동공보사 이강 전상서

삼가 아룁니다. 10월 22일 오후 9시를 넘어 하얼빈에 무사히 도착하여 김성백 씨 집에 머물고 있습니다. 여기서 『요동보』를 보니, 이토 히로부미는 동청철도총국 특별열차로 25일 오후 11시에 관성자를 출발하여 하얼빈으로 향한다고 합니다. 우리들은 조도선 씨와 함께 나의 가족을 맞이하기 위하여 관성자로 간다는 구실로 그 앞의 어느 역에 잠복하여 결행할 생각입니다. 이 점 헤아려 주시기 바랍니다. 큰일의 성패는 하늘에 맡기지만, 동포의 기도와 도움을 갈망하는 바입니다. 또한 여기서 김성백 씨에게 일금 50위안(元)을 빌렸습니다. 빨리 갚아 주시면 고맙겠습니다. 대한독립만세! 1909년 10월 24일 오전 8시 출발, 남행함.

우덕순 印

안중근 印

추신: 포브라니치나야에서 유동하 씨와 함께 하얼빈에 도착. 앞으로의 일은 귀사에 통지하겠습니다.

다음 날 아침에 편지를 부칠 예정으로 안중근이 써서 우덕순이 나란히 서명하고 각각 도장을 찍었다.

"보다시피 도장이 찍혀져 있으니 틀림없이 돈이 올 것이네."

"알겠습니다."

유동하는 러시아 문자로 봉투에 주소를 쓰고는 일어섰다.

"학교에 가서 50원 정도 융통해 달라고 김성백 씨에게 부탁해 줘."

"네, 잘 알겠습니다."[24]

유동하는 곧 동흥학교로 떠나고 방에 남은 두 사람은 가사를 지었
다. 그들의 결행이 성공하면 『대동공보』에 두 사람이 작사한 글을
싣기로 약속이 돼 있었다. 안중근은 한시로, 우덕순은 한글시를 지
었다. 이른바 〈장부가(丈夫歌)〉와 〈보구가(報仇歌)〉였다.

〈장부가〉
장부가 세상에 처함이여 그 뜻이 크도다
때가 영웅을 지음이여 영웅이 때를 지으리로다
천하를 응시함이여 어느 날에 업을 이룰고
동풍이 점점 차가우나 장사의 의기는 뜨겁도다
분개하여 한번 지나감이여 반드시 목적을 이루리로다
쥐도적 ○○여 어찌 즐겨 목숨을 비길고
어찌 이렇게 될 줄을 헤아렸으리요 사세가 본디 그러하도다
동포 동포여 속히 대업을 이룰 지어라
만세 만세여 대한독립이로다
만세 만만세여 대한동포로다[25]

〈보구가〉

만났도다 만났도다

원수 너를 만났도다

너를 한번 만나고자

일평생에 원했지만

하상견지만야(何相見之晚也)런고

너를 한번 만나려고

수륙으로 기만리(幾萬里)를

혹은 윤선(輪船) 혹은 화차(火車)

천신만고 거듭하야

노청양지(露淸兩地) 지날 때에

앉을 때나 섰을 때나

앙천(仰天)하고 기도하길

살피소서 살피소서

주 예수여 살피소서

동반도의 대제국을

내 원대로 구하소서

오호 간악한 노적(老敵)아

우리민족 이천만을

멸망까지 시켜놓고

금수강산 삼천리를

소리 없이 뺏노라고

궁흉극악(窮凶極惡) 네 수단으로

대한민족 이천만이

다 같이 애련하여

너 노적을 이 정거장에서

만나기를 천만번 기도하며

주야를 잊고 만나고자 하였더니

마침내 이토를 만났고나

금일 네 명(命)이

나의 손에 달렸으니

지금 네 명 끊어지니

너도 원통하리로다

갑오독립 시켜 놓고

을사체약(乙巳締約)한 연후에

오늘 네가 북향(北向)할 줄

나도 역시 몰랐도다

덕 닦으면 덕이 오고

죄 범하면 죄가 온다

너뿐인 줄 아지 마라

너의 동포 오천만을

오늘부터 시작하여

하나 둘씩 보는 대로

내 손으로 죽이리라

오호라 우리 동포여

한마음으로 전결(專結)한 후

우리 국권 회복하고

부국강병 꾀하며는

세계에 어느 누가 압박할까

우리의 자유가 하등(下等)의 냉우(冷遇)를 받으니

속히 속히 합심하고

용감한 힘을 가져

국민 의무 다하세.[26)]

우덕순의 흥얼거리는 노래는 꽤 길어졌지만 본인은 어딘가 부족한 듯했다. 하지만 유동하가 돌아오는 바람에 거기서 그쳤다.

"아이 추워."

유동하는 입술을 떨면서 우두커니 서 있었다. 하얼빈의 송화강은 11월이면 얼음이 얼 정도로 추위가 빠르다.

"그래 대답은?"

"김성백 씨는 가진 돈이 없다고 거절했어요."

"알겠네."

안중근은 체념을 하고는 우덕순과 쓴웃음을 지었다.

"수고했네. 내일 하얼빈역까지 안내를 부탁해."

"남쪽으로 같이 갈 사람이 있지 않습니까?"

"그 조도선이라는 사람이 곧 올 거야. 그러나 자네도 역까지 바래다 주게. 우리가 돌아올 때까지 하얼빈에 남아 연락을 맡아 주어야 겠어."

"여기서 며칠을 기다려야 합니까?"

"길어야 이삼 일이야."

유동하는 울상을 지으면서 여동생 부부의 방으로 갔다. 두 사람만 남게 되자 우덕순이 말을 꺼냈다.

"자금 부족은 할 수 없지만 한 가지 마음에 걸리는 것은…."

"뭔데."

"조도선 씨에게 아무 말하지 않아도 괜찮을까?"

"하얼빈 떠나기 전에는 말하지 않는 게 좋을 거야."

그때 조도선이 찾아왔다.[27]

이튿날 하얼빈에 있는 김성백(金聖伯)의 집에 이르러 유숙하고, 다시 신문을 보고 이토가 오는 날짜를 자세히 탐지하였다. 또 그 이튿날 다시 남쪽으로 창춘(長春) 등지로 가서 거사하고도 싶었으나 유동하가 본시 나이가 어린 사람이라 곧 저희 집으로 돌아가겠다고 하므로 다시 통역할 사람을 얻으려하던 중, 조도선(曺道先)을 만나 가족들을 맞이하기 위해서 남쪽으로 가자고 했더니, 조씨는 곧 승낙하였다.

그날(1909년 10월 23일) 밤은 또 김성백의 집에 묵었다. 그때 여비가 부족할 것이 걱정스러워서 유동하를 시켜 김성백에게 가서 50원만 빌려 가지고 오면 곧 갚겠다고 말하라고 하여, 유씨가 김씨를 찾아갔으나 그냥 돌아왔다. 그때 나는 홀로 등불 밑 차디찬 상 위에 앉아 잠깐 동안 장차 행할 일을 생각하며, 강개한 마음을 이길 길 없어 노래 한 수 읊었다.

〈장부가〉 생략

이렇게 읊기를 마치고, 다시 편지 한 장을 써서 블라디보스토크에 있는 『대동공보』 신문사에 붙이려 했으니, 그 뜻인즉 첫째 우리들이 행하는 목적을 신문에 널리 알리자는 것이요, 또 한 가지는 유동하가 만일 김성백에게서 50원을 꾸어 온다면 갚아 줄 방책이 없기 때문에, 대동공보사에서 갚아 주도록 하는 핑계로 말한 것이니 그것은 잠깐 동안의 꾀였다. 편지 쓰기를 끝마치자 유씨가 돌아왔는데 돈을 꾸지 못했다고 하므로 자지도 못하고 그날 밤을 지새웠다.[28]

안중근 행장 — 8

1910년 10월 24일 아침 안중근, 우덕순, 조도선, 유동하 등 네 사람은 김성백 집에서 아침밥을 들고 8시에 집을 나섰다. 하얼빈역으로 가는 길에 제홍교가 있었다. 거기에 서서 하얼빈역 구내가 멀찍이 내려다보였다.

"잠깐 이곳에서 하얼빈역 구경이나 하고 갑시다."

안중근은 앞장 선 유동하에게 잠시 멈추기를 부탁했다. 안중근은 거기서 하얼빈역 플랫폼을 내려다보며 가슴 속에 품은 권총으로 이토 히로부미의 심장을 꿰뚫는 장면을 머리에 그려 보았다.

그날 하얼빈역 대합실과 플랫폼은 러시아 재무장관 코코프체프가 이토 방문에 앞서 이날 오전 중에 도착하기 때문에 의장대가 하얼빈역 앞에 집합하여 매우 혼잡했다. 안중근, 우덕순, 조도선, 유동하는 하얼빈역 대합실로 들어섰다. 조도선이 열차 매표소로 가서 물었다.

"가족을 맞이하러 가는데 어느 열차에 탔는지 알 수가 없어 그럽니다. 창춘(長春, 寬城子) 하얼빈 간 상하행 열차가 모두 반드시 정차하는 역까지 가고 싶은데 어느 역으로 가야 하오?"

"그렇다면 삼협하로 가시오."

조도선은 러시아 역무원으로부터 하얼빈에서 120킬로미터 떨어진 삼협하까지 가는 차표 석 장을 샀다. 하지만 안중근이 가장 염려스러운 것은 이토 히로부미가 창춘을 25일 오후 11시에 출발한다는 신문기사의 신빙성이다. 혹 이토가 블라디보스토크 항구에 상륙하여 포브라니치나야를 경유하여 하얼빈으로 올지도 모른다. 그래서 안중근은 유동하를 불러 은밀히 일렀다.

"우리는 이제부터 가족을 맞이하러 남쪽으로 갈 거네. 우리들이 가는 곳마다 전보로 우리가 있는 곳을 자네에게 알리도록 하겠네."

"무엇 때문에 전보를 칩니까?"

"하얼빈에 오는 일본 고관 일행 가운데 나의 오랜 친구가 있어. 꼭 만나서 인사라도 나눠야 하기 때문에 우리는 남쪽으로 가는 거야. 그래서 내가 고관 일행이 하얼빈에 도착하는 일시를 묻는 전보를 칠 것이네. 자네는 러시아어 신문을 확인하여 곧장 나에게 그 내용을 전보로 쳐 주게."

"잘 알겠습니다."

안중근은 전보료로 4원을 유동하에게 건넸다. 안중근, 우덕순, 조도선 세 사람은 유동하를 하얼빈역에 남긴 채 9시에 하얼빈을 출발하는 남행 열차를 탔다. 하얼빈을 출발한 창춘행 열차는 쉬엄쉬엄 달렸다. 열차 안에서 우덕순이 무료함인지 객차 밖 승강대에 나가 바람을 쐬었다. 안중근도 우덕순을 따라 나갔다. 승강대에는 두 사람 외에는 아무도 없었다. 안중근은 안주머니에서 작은 천으로 감싼 총탄을 우덕순의 손에 쥐어 주었다. 우덕순이 그것이 총탄임을 알고서는 안주머니 깊숙이 넣었다. 안중근이 나직이 말했다.

"탄두에 십자가를 새겨 두었어."

"그래?"

"이것을 덤덤탄이라고 하는데 명중하면 치명상을 입힐 수 있지."

"나도 이걸로 교환하겠네. 이걸로 이토의 심장을 꿰뚫어야 할 텐데."

우덕순이 혼잣말처럼 답했다. 두 사람의 권총은 브로우닝 7연발로 같은 총이었다. 두 사람은 객차 안으로 들어와 다시 자리에 앉았다. 12시 13분, 열차가 도착한 지야이지스고(蔡家溝)역에서 좀더 확실히 알기 위해 조도선이 플랫폼에 있는 역무원에게 물었다. 그는 상하행선 모두 이 역에서 30분 정도는 정차한다고 했다. 조도선이 하얼빈에서 산 삼협하까지 차표를 역무원에게 보였다.

"삼협하에서는 정차하지 않는 열차도 있어요."

역무원이 퉁명스럽게 말했다. 마침 상행 열차가 지야이지스고에 도착하고 있었다. 그때 안중근이 결단을 내렸다.

"우리 여기서 기다리기로 하자."

안중근은 지야이지스고역을 제1결행 장소로 정했다. 안중근은 지야이지스고역을 나온 뒤 조도선에게 부탁하여 하얼빈에 남아 있는 유동하에게 전보를 쳤다.

'지야이지스고역에서 기다린다.'

지야이지스고역 대합실 매점 안쪽 식당에는 40대 러시아인 부부가 매점과 식당을 운영하며 살고 있었다. 지야이지스고역 일대는 드넓은 평야에 끝없이 펼쳐진 옥수수 밭으로 안중근 일행은 마땅히 갈 곳이 없어 식당에 들어가 차를 마셨다. 식당 주인 세미코노프가 물었다.

"어디로 가는 손님들이오?"

"친구 가족이 멀리서 오는데, 이 역에서 기다리기로 하였소."

조도선이 대답했다.

"어느 열차로 오는데?"

"글쎄, 그걸 잘 몰라 열차가 도착할 때마다 플랫폼에서 가족이 타고 있는지를 확인해야 할 판이오."

"객차 앞에서 뒤까지 세 사람이 달리기를 해야겠군."

"그래야 할 거요."

"기다려도 손님이 오지 않으면 어디서 잘 거야?"

"어떻게 해야 좋을지 모르겠네."

"그렇다면 여기 머물러도 좋아. 좁긴 하지만."

세 사람은 일단 숙소 걱정은 잊게 되었다. 저녁 무렵 하얼빈의 유동하로부터 전보가 왔다.

'내일 블라디보스토크에 온다.'

이 전보는 안중근과 우덕순을 고민케 했다. 그렇다면 『요동보』에 실린 '25일 오후 11시 관성자 출발'은 오보라는 말인가? 안중근은 뜬 눈으로 새우다시피 골똘히 거사 계획을 세웠다.

1910년 10월 25일, 세 사람은 아침을 지야이지스고역에서 맞았다.

안중근은 우덕순을 불러 식당 밖으로 나가 산책하면서 밤새 세운 계획을 전했다.

"이렇게 된 이상 두 패로 나눌 수밖에 없네. 나는 하얼빈으로 돌아갈 테니 자네와 조도선은 여기 남아 거사를 치러 주게. 중도역과 종착역에서 습격할 기회를 두 번 엿보는 것은 그만큼 성공할 확률이 높을 거야."

"알겠네. 그런데 조도선에게는 뭐라고 말할 건가?"

"부족한 여비를 마련하러 간다고 둘러댈 참이야. 이참에 사실대로 말해 버릴까?"

"자네가 떠나면 우리 두 사람만 남지. 그 일은 나에게 맡겨 주게. 차 짓하면 일을 그르칠지도 몰라."

"고맙네. 자네는 언제나 심지가 깊어."

두 사람이 산책을 끝내고 식당으로 돌아오자 조도선은 수프를 앞에 두고 기다리고 있었다. 아침 식사 후 안중근은 조금 전 우덕순과 약속한 대로 조도선에게 하얼빈으로 여비를 구하러 간다고 둘러대고는 지야이지스고역에서 12시 무렵 하얼빈행 열차에 올랐다.

그날 오후 4시 무렵 안중근은 하얼빈의 김성백 집으로 돌아왔다. 마침 유동하가 집에 있었다. 안중근은 그를 보자 벌컥 화가 났다.

"어제의 전보대로라면 일본의 고관이 이미 도착했어야 하는데 어찌 그런 엉터리 전보를 보냈는가?"

"수소문해 보니 그렇다고 해서 그대로 전보를 쳤어요."

안중근은 곧 그를 꾸짖은 것을 후회했다. 사실 이토의 도착 일시는 일반인은 그 어디에서도 정확히 알 수 없지 않은가. 안중근은 집을 나섰다. 하얼빈 공원을 한 바퀴 돌면서 흐트러진 마음을 가다듬고자 함이었다. 하얼빈 공원 옆 송화강에는 붉은 저녁놀이 아름답게 물들고 있었다. '나는 왜 이토의 심장에 총탄을 겨누는가?'

안중근은 하늘을 향해 기도를 드렸다.[29]

이튿날 이른 아침 우덕순, 조도선, 유동하 세 사람과 함께 정거장으로 가서 조도선에게 남청열차가 서로 바뀌는 정거장이 어디인가를 역무원에게 묻게 했더니 지야이지스고라고 했다. 나는 곧 유동하를 돌려보내고 우덕순 조도선 두 사람과 열차를 타고 남행하여 지야이지스고역에 이르러 차에서 내려 여관을 정하고 유숙하며 정거장 사무원에게 묻기를 "이곳에 기차가 매일 몇 차례나 왕복하는가" 하였더니 "매일 세 번씩 내왕하는데 오늘밤에는 특별열차가 하얼빈에서 창춘으로 떠나가서 일본 대신 이토를 영접해 가지고 모레 아침 여섯 시에 여기에 이를 것이다" 하였다.

이같이 분명한 정보는 이번에 처음 듣는 확실한 소식이었다. 그래서 다시 깊이 헤아려 생각해 보니 "모레 아침 여섯 시쯤이면 아직 날이 밝기 전이니 이토가 이 정거장에 내리지 않을지 모른다. 또 설령 차에서 내려 시찰한다고 해도 어둠 속이라 진짜인지 가짜인지를 분간할 수가 없을 것이다. 더구나 내가 이토의 모습을 모르는데야 어찌 능히 일을 치를 수가 있을 것이랴" 하고 다시 앞서 창춘 등지로 가보고 싶어도 여비가 부족하니 어쩌면 좋을지 이런저런 생각에 마음만 몹시 괴로웠다. 그때 유동하에게 전보를 쳤다.

"우리는 여기에 이르러 하차했다. 만일 그곳에 긴급한 일이 있거든 전보를 쳐주기 바란다."

황혼이 된 뒤에 답전이 왔으나 그 말뜻이 전연 분명치 않았다. 더욱 의아스러움이 적지 않아 그날 밤 곰곰이 생각하고 다시 좋은 방책을 헤아린 뒤, 이튿날 우씨에게 상의하기를 "우리가 이곳에 같이 있는 것은 좋은 방법이 아니다. 첫째는 돈이 부족하고, 둘째는 유씨의 답전이 심히 의아스럽고, 셋째는 이토가 내일 아침 새벽에 여기를 지나갈 터인즉 일을 치르기가 어려울 것이기 때문이다. 만일 내일의 기회를 잃어버리면 다시는 일을 도모하기가 어려울 것이다. 그러므로 자네는 여기서 머물며 내일의 기회를 기다려 틈을 보아 행동하고, 나는 오늘 하얼빈으로 돌아가 내일 두 곳에서 일을 치르면 충분히 편리할 것이다. 만일 자네가 일을 성공치 못하면 내가 꼭 성공할 것이요, 만일 내가 일을 성공치 못하면 자네가 꼭 일을 성공해야 할 것이다. 또 만일 두 곳에서 다 뜻대로 되지 않는다면, 다시 여비를 마련한 다음 상의해서 거사하도록 하는 것이 가장 완전한 방책일 것이다" 하였다.

그리고 서로 작별하고, 나는 기차를 타고 하얼빈으로 돌아와 다시 유동하를 만나 전보의 글 뜻을 물었으나, 유씨의 답변이 역시 분명치 않으므로 내가 성을 내어 꾸짖었더니, 유씨는 말도 아니하고 문밖으로 나가 버리는 것이었다.[30]

이토 히로부미 행장 — 2

1910년 10월 25일

이날 이토 히로부미를 태운 특별열차는 밤 11시 창춘(관성자)역을 출발하였다. 러시아 측이 이토에게 제공한 특별열차는 최신형 기관차가 끌고 귀빈차에는 응접차가 연결되어 있었다. 러시아 재무장관 코코프체프는 이토 히로부미를 영접코자 동청철도 민정부장, 영업과장, 철도수비대 군무장, 헌병대위 등을 파견하였다. 열차가 달리자 동청철도 민정부장 아파나셰프 소장이 이토 앞으로 와서 환영사를 낭독했다.

"금세기의 대정치가이신 이토 공작을 맞이함으로써 러시아 정부를 비롯한 우리 동청철도회사의 전 직원, 그리고 하얼빈 시민에 이르기까지 관민이 모두 환영의 목소리를 높이 외치고 있습니다. 아무쪼록 각하께서는 고향에 오신 듯이 편안하게 여행하시기를 우리 일동은 충심으로 바랍니다."

이토는 즉석 답사를 하였다.

"하얼빈을 방문하는 데에는 정치외교상 특별한 의미는 없지만, 북만주의 신천지를 내 눈으로 보는 기쁨은 이루 말로 다할 수 없습니다. 천하의 명사 코코프체프 대신과 회견을 할 수 있게 된 것은 물론이고, 이렇게 여러분들과 같은 자리에 앉을 수 있게 되다니 너무도 유쾌한 일이라고 생각합니다. … 예전부터 바라던 러시아와 일본의 친선이 이렇게 차 안에서 시작되어 점차로 깊어져 가리라고 기대하는 바입니다."

　열차는 만주 대륙을 힘차게 달리고 있었다. 귀빈차 실내는 스토브의 열기로 훈훈했다. 이토는 브랜디를 머금고는 칠흑의 차창 밖 만주 대륙을 바라보며 이생에서의 마지막 밤을 마냥 즐겼다.

1910년 10월 26일

　이토 일행을 태운 열차는 9시 정각 도착 예정보다 빠르게 하얼빈에 근접하고 있었다. 기관사는 하얼빈에 가까워지면서 도착시간을 맞추기 위해 열차의 속력을 늦췄다. 이토는 간밤에 객수로 늦게 잠든 탓으로 오전 8시 귀빈실 침대에 일어나 세수를 하고 플록 코트 정장차림을 했다. 차비를 차린 이토가 차창 밖을 내다보는데 열차는 하얼빈역 구내로 천천히 접어들었다. 하지만 하얼빈역 플랫폼에 그를 기다리고 있는 저승사자 대한의 영웅 안중근이 기다리고 있을 줄이야.[31]

1909년 10월 25일 밤, 안중근이 떠난 뒤 우덕순과 조도선은 지야이지스고역에서 무료하게 지냈다. 그런데 저녁 무렵부터 러시아 군인이 부쩍 늘어났다. 조도선이 한 러시아 군인에게 물었다.

"갑자기 군인들이 늘어났는데 무슨 일이라도 있소?"

"일본 대관 일행이 하얼빈으로 가는데 이 지야이지스고역을 통과하기에 경비 때문 그렇소."

"뭐! 일본 대관이? 몇 시에 통과하오."

"내일 새벽 여섯 시라고 하는군."

조도선은 러시아 군인에게 들은 정보를 우덕순에게 말했다.

"아, 그래요."

우덕순은 태연하게 대답했다. 조도선은 안중근과 우덕순의 거사 계획을 그때까지도 눈치채지 못하고 있었다. 우덕순은 가능한 끝까지 비밀에 붙이고 싶었다. 행여 조도선이 뒤늦게 알고서 러시아 군인에게 일러바친다면 만사가 허망하게 끝날지도 모를 일이니까.

저녁 무렵, 지야이지스고역 식당 주인 세미코노프는 지야이지스고 역무원에게 불려갔다.

"당신 집에 낯선 이들이 머물고 있던데?"

"그래요. 간밤에 세 명의 한국인이 묵었습니다. 그런데 오늘 낮에 한 사람은 하얼빈으로 돌아갔답니다."

"그들은 왜 지야이지스고에 왔는가?"

"본국에서 오는 가족을 마중하러 관성자로 가는데, 여비가 부족해서 이 역에서 기다리고 있답니다."

"수상한 자들이 아니요?"

"아닙니다. 아주 불쌍한 자들이에요. 아내도 그렇게 생각해서 간밤에는 공짜로 재워 주었습니다."

"오늘도 재워 주려는가?"

"아무려면 한밤중 추위에 얼어 죽게 할 수야…."

"그들이 식당 밖으로 나오는 일이 없도록 단단히 주의시키시오. 만일 역사(驛舍) 밖으로 나오면 경비병에게 즉시 연락하시오."

"네. 알겠습니다."

세미코노프는 돌아와서 역무원에게 들은 주의사항을 우덕순과 조도선에게 전했다.

1909년 10월 26일, 운명의 날이 밝아오고 있었다. 지야이지스고에서 머물고 있는 우덕순과 조도선은 새벽 5시 무렵 새우잠이 깼다. 조도선이 소변을 보고자 식당 밖으로 나가자 러시아 경비병이 못 나가게 했다. 세미코노프에게 말하자 그가 러시아 경비병에게 사정해도 막무가내라고 하면서 깡통을 가져다주며 거기다가 용변을 보라고 했다. 잠시 후 우덕순도 용변을 보고 싶다고 밖으로 나가려했으나 러시아 경비병이 열차가 지나갈 때까지는 꼼짝 말라고 소리쳐 그도 별수 없이 실내에서 용변을 봤다. 날이 점차 밝아오고 특별열차가 다가오는데도 그들은 식당 밖으로 한 발자국도 나갈 수 없었다. 우덕순은 낙담을 하면서 하얼빈에서 안중근이 성공하기만을 빌었다. 6시 무렵 상행열차가 지야이지스고역에서 서더니 10분 후쯤 기적을 울리면서 떠났다. [32)]

그날 김성백 씨 집에서 아침을 맞은 안중근은 평소와 다름없이 일찍 일어나 세면을 하고는 그동안 입고 다니던 새 옷 대신 평상복으로 갈아입고 모자를 썼다. 하얼빈역에 도착하니 7시 무렵이었다. 안중근은 대합실에서 차를 마시며 열차 도착을 기다렸다. 이윽고 이토를 태운 열차가 도착했다. 일본인 환영객 틈에 싸여 잽싸게 플랫폼으로 나갔다. 그리고는 러시아군 의장대 뒤 일본거류민단 환영객 틈에 끼어 섰다.
이윽고 이토 일행을 태운 특별열차가 하얼빈역 플랫폼에 멎었다. 그때 플랫폼 시계가 9시 정각을 가리키고 있었다.
열차 도착에 맞춰 플랫폼에 도열한 러시아 군악대가 주악을 시작했다. 러시아 재무장관 코코프체프가 이토 수행비서관 모리 야스지로(森泰二郎)의 안내로 객차로 들어가 이토에게 도착 인사를 했다.
"먼 길 오시느라 수고 많으셨습니다."

"만나 뵙게 되어 광영입니다. 각하께서는 더 먼 곳에서 오셨지요."

이토는 코코프체프의 손을 잡으며 다정하게 답했다. 두 사람은 열차 내 응접 테이블에 앉아 모리가 내놓은 차를 들면서 환담을 나눴다.

"이 하얼빈에서 코코프체프 대신과의 회담이 이루어진 것을 매우 기쁘게 생각합니다."

"저도 이토 공작과 동감입니다. 천천히 고견을 듣도록 하고 우선 플랫폼에 정렬하고 있는 의장대의 열병을 받아 주시면 고맙겠습니다."

이토는 코코프체프의 정중한 안내를 받으며 열차에서 내린 다음, 러시아 의장대 앞을 지나 환영 나온 각국 영사들이 서 있는 곳으로 천천히 발걸음을 옮겼다. 군악대의 연주 속에 이토와 코코프체프가 나란히 선두에 서고, 그 뒤를 나카무라 제코(中村是公) 만철 총재, 가와카미 토시히코(川上俊彬) 하얼빈 주재 총영사, 다나카 세이지로(田中淸次郞) 만철 이사, 모리 야스지로 비서관, 무로타(室田) 귀족위원 등이 뒤따랐다. 그때 하얼빈역 플랫폼 기둥에 달린 시계침은 9시 25분을 막 지나고 있었다. 이토는 그들과 의례적인 인사를 나눈 뒤, 일본거류민단 환영객 앞을 지나 다시 러시아 의장대 쪽으로 되돌아오고 있었다. 러시아군 의장대 뒤편에 있던 안중근은 이 순간을 하늘이 준 절호의 기회로 알고, 가슴에 숨겨뒀던 브라우닝 권총을 뽑아들고 앞으로 튀어나왔다. 안중근은 이 천재일우의 기회를 준 하늘에 감사하며 회심의 첫 발을 쏘았다. 그때 안중근과 이토와 거리는 불과 열 발자국이었다.

첫 탄알이 이토의 팔을 뚫고 가슴에 파고들었다. 하지만 총소리가 음악 소리에 뒤섞여 그때까지 경비병들은 영문을 몰랐다. 참으로 다행한 일이었다. 안중근은 다시 혼신을 다하여 방아쇠를 당겼다. 두 번째 탄알은 이토 가슴에 명중했다. 경비병과 환영객들은 그제야 돌발 사태를 알아차리고 겁을 먹은 채 우왕좌왕 흩어지며 도망쳤다. 총을 맞은 이토는 가슴을 움켜쥐고서는 뭐라고 중얼거리며 비틀거렸다. 다시 안중근은 이토의 절체절명 마지막 남은 명을 확실히 끊어주고자 침착하게 가슴을 정조준하여 회심의 세 번째 방아쇠를 당겼다. 세 번째 탄알은 이토 복부 깊숙이 명중되었다. 제3탄이 이토를 확실하게 절명시킨 결정의 탄알이었다. 그제야 늙은 여우 이토는 꼬리를 내리고 코코프체프 쪽으로 픽 쓰러졌다. 안중근은 그 자가 혹 이토 히로부미가 아닐지 모른다는 생각에, 만일을 대비하여 그 곁을 수행하던 하얼빈 주재 일본 총영사 가와카미, 수행 비서관 모리, 만철 이사 다나카 세 사람에게도 총알을 한 방씩 안겼다.

안중근의 권총에 장전된 일곱 발 총알 가운데 발사된 여섯 발은 단 한 방도 헛방이 없었다. 대한 남아의 대단한 담력과 신묘한 사격술이었다. 의기의 대한 남아가 일본 열도를 향해 던지는 불방망이였다. 그 불방망이로 일본 열도가 순식간에 불타올랐다. 일본인의 간담을 서늘케 했다. 대한 남아의 장엄한 기백이었다. 대한의 영웅 안 의사는 불타오르는 적개심으로 네 사람을 쓰러뜨린 뒤, 러시아어로 만세 삼창을 목 놓아 불렀다.

"코레아 우라!(대한독립만세)

코레아 우라!

코레아 우라!"

그런 뒤 안중근은 권총을 거꾸로 잡아 러시아 헌병에게 건네주고 태연자약 의연하게 체포되었다. 그때가 오전 9시 30분이었다. 잠깐 사이에 안중근은 당신이 바란 대로 모든 걸 다 이루었다. 대한의 영웅, 대한의군 참모중장 겸 특파독립대장 안중근 장군의 쾌거였다. 이 순간 우리나라 백성들은 강화도조약 이래 30여 년 쌓였던 체증을 한순간에 시원히 '뻥' 뚫었다. 아무도 할 수 없었던 일을 대한의군 안중근 장군이 권총 한 자루로 통쾌히 치렀다.

세 방의 총알 세례를 받은 이토 히로부미는 곧장 열차에 옮겨졌다. 이토의 수행 의사 고야마(小山)가 맥을 짚고 캠퍼 주사를 놓고 브랜디를 입에 넣어 주었지만 그는 이미 숨을 거둔 뒤였다. 소생 불능의 즉사였다.[33] 대한 남아 안중근 의사가 일본 열도 심장부에 꽂은 비수였다. 만일 안중근 의사의 쾌거가 없었다면 어찌 우리의 민족혼을 말할 수 있으랴.

이토 히로부미 피살 전보에 일본 국민들은 순식간 마른하늘의 벼락 같은 충격에 빠졌다. 『요미우리신문』 『동경일일신문』 『대한매일신문』 등에서는 호외를 발행하는 등 세계를 놀라게 했다. 해외에 망명하여 독립운동을 하던 애국지사들은 환호의 찬사를 보내는가 하면, 조정의 친일파들은 몹시 당황했다. 친일 내각의 우두머리 이완용은 사저에 일본 헌병이 파수를 보게 했고, 친일의 거두 송병준은 일본 순사 셋을 청하여 숙소를 지키게 하는가 하면, 한성부민회장 유길준은 이토의 영구를 맞고자 다롄으로 향했다. 10월 28일, 순종은 통감부에 행차하여 이토를 애도했으며, 30일에는 이토에게 문충(文忠)이라는 시호를 내렸다. 그 밖에 숱한 벼슬아치들이 통감부로 가서 이토의 죽음을 조상했다. 이와는 달리 당시 중국 총통이었던 위안스카이(袁世凱)는 다음의 글로 안중근을 조문했다.

평생을 벼르던 일 이제야 끝냈구려
죽을 땅에서 살려는 것은 장부가 아니고말고
몸은 한국에 있어도 이름은 만방에 떨쳤소
살아서 백년을 사는 이 없는데 그대 죽어서 천년을 사오.
平生營事只今畢 死地圖生非丈夫
身在三韓名萬國 生無百世死千秋

안중근 순국 후 동북 일대 소학교에서는 중국인이 작사 작곡한 〈안중근을 추모하며〉라는 노래를 아이들에게 가르쳤다.

진실로 공경할 만하다
이토 히로부미를 죽이고 자신도 용감히 죽었다
마음속으로 비로소 나라의 한을 풀었다
역사 속에 충의 혼을 우러르지 않을 자가 없었다

천고에 길이 살아남아 있어라
누가 그의 뒤를 따르랴
누가 그의 뒤를 따르랴.

안중근은 이토를 쓰러뜨린 뒤 곧장 러시아 경비병에 끌려 하얼빈
역 구내 러시아 철도 헌병분파소로 연행되었다. 나카무라 제코 만
철총재는 바로 동청철도 측과 교섭하여 이토가 타고 온 열차를 창
춘으로 돌아갈 조치를 취했다. 얼마 뒤 이토를 담을 관이 귀빈실로
운반되어 시신이 담겨졌다. 러시아 관헌이 이토 시신을 검시하려
했으나 나카무라가 거부했다. 러시아 관헌의 중대한 경비 실수에
몹시 화난 볼멘소리였다.
"후일 의사진단서를 보내드리겠습니다."
러시아 관헌은 머쓱하게 물러났다. 오전 11시 15분, 하얼빈역 플랫
폼에서는 러시아 군악대의 장송곡이 울려 퍼졌다. 이토의 시신을
태운 열차는 코코프체프 러시아 재무장관을 비롯한 러시아 관헌들
이 묵도하는 가운데 하얼빈 플랫폼을 기적도 없이 떠났다.[34]

그날 밤, 나는 김성백의 집에서 자고 이튿날 아침 일찍 일어나 새
옷을 모조리 벗고 수수한 양복 한 벌을 갈아입은 뒤에 단총(권총)을
지니고 바로 정거장으로 나가니 그때가 오전 7시쯤이었다. 거기(하
얼빈역)에 이르러 보니, 러시아 장관(코코프체프 러시아 재무장관)
과 군인들이 많이 와서 이토를 영접할 절차를 준비하고 있었다. 나
는 차 파는 집에 앉아서 차를 두서너 잔 마시며 기다렸다. 9시쯤 되

어, 이토가 탄 특별열차가 와서 닿았다. 그때는 사람들이 인산인해를 이루었다. 나는 찻집 안에 앉아 그 동정을 엿보며 스스로 생각하기를 '어느 시간에 저격하는 것이 좋을까' 하며 십분 생각하되 미처 결정을 내리지 못할 즈음, 이윽고 이토가 차에서 내려오자 도열해 있는 군대가 경례하고 군악 소리가 하늘을 울리며 귀를 때렸다. 그 순간 분한 생각이 북받쳐 일어나고 삼천리 길 업화(業火, 불같이 일어나는 노여움)가 머릿속에서 치솟아 올랐다.

'어째서 세상이 일이 이같이 공평치 못한가. 슬프다! 이웃 나라를 강제로 뺏고 사람의 목숨을 참혹하게 해치는 자는 이같이 날뛰고 조금도 꺼림이 없는 대신, 죄 없이 어질고 약한 사람은 이처럼 곤경에 빠져야 하는가' 하고는 다시 더 말할 것 없이 곧 뚜벅뚜벅 걸어서 용기 있게 나가 군대가 도열해 있는 뒤에까지 이르러 보니, 러시아 측 관리들이 호위하고 오는 맨 앞 가운데에 누런 얼굴에 흰 수염을 가진 한낱 조그마한 늙은이가 이같이 염치없이 감히 천지 사이를 활보하여 오고 있었다.

'저 놈이 필시 이토 노적(老賊)일 것이다' 하고 곧 단총을 뽑아들고, 그 오른쪽을 향해 4발(실제는 3발)을 쏜 다음, 생각해 보니 십분 의아심이 머릿속에서 일어났다. 내가 본시 이토의 모습을 모르기 때문이었다. 만일 한번 잘못 쏜다면 큰일이 낭패가 되는 것이라, 그래서 다시 뒤쪽을 향해서, 일본인 일행 가운데서 가장 의젓해 보이는 자를 새로 목표하고 3발을 이어 쏘았다. 그리고 다시 생각하니, 만일 무죄한 사람을 잘못 쏘았다고 하면 일은 반드시 불미할 것이라

잠깐 정지하고 생각하며 머뭇거리는 사이에 러시아 헌병이 와서 붙잡히니, 그때가 바로 1909년 음력 9월 13일(양력 10월 26일) 상오 9시 반쯤이었다. 그때 나는 곧 하늘을 향하여 큰소리로 대한만세를 세 번 부른 다음, 정거장 헌병분파소로 붙잡혀 갔다.[35]

1909년 10월 26일 아침, 지야이지스고역에서 우덕순은 어쩔 수 없이 특별열차를 놓치고는 하얼빈에서 안중근의 성공을 마음속으로 빌었다. 우덕순과 조도선이 아침도 거른 채 어슬렁거리자 식당 주인 세미코노프가 측은해 여기면서 아침을 차려 주었다. 두 사람이 낮차로 하얼빈으로 돌아가려는 생각을 하며 늦은 아침을 먹고 있는데, 러시아 경비병 두 명이 식당으로 들어와 다짜고짜로 두 사람을 체포했다.

"왜 이러시오."

조도선이 강력히 항의했으나 그들은 막무가내였다.

"상부의 명령이다."

두 사람은 경비초소로 연행되었다. 우덕순은 거기서 안중근이 하얼빈역 플랫폼에서 성공했다는 소식을 들었다. 순간 우덕순은 환희에 젖었다.

오후 1시, 이토를 태운 남행 특별열차가 지야이지스고역에 멎을 때, 우덕순과 조도선은 포승줄에 묶인 채 하얼빈행 북행 열차에 올랐다.[36]

하얼빈 안중근 유적지

이날 하얼빈은 영하 10도까지 내려가는 첫 추위라고 했다. 바람까지 불어 체감온도는 더 내려간 듯했다. 이틀 동안 제대로 먹지도 닦지도 못해, 우선 숙소가 급하다고 김우종 선생에게 말씀 드렸다. 김 선생은 헤이룽장성 인민대회 간부들이 자주 묵는다는 한 빈관(优惠卡 호텔)으로 안내했다. 숙소에 든 뒤 샤워를 하고는 곧장 밥집으로 갔다. 조선족 '서울밥집'에서 따뜻한 된장국, 그리고 깻잎과 김치를 먹자 추위도 달아났다.

김우종 선생의 안내로 먼저 밥집에서 가까운 옛 일본총영사관에 걸어서 갔다. 10년 전 답사할 때는 옛 일본총영사관이 도시계획으로 곧 헐린다고 했지만 다행히 옛 골조 그대로인데, 외벽만 벽돌로 새로 말끔히 단장을 했다. 1909년 10월 26일, 안중근이 거사 직후 러시아 군인에게 체포되어 그날 밤 이곳으로 인도되었다. 그런 뒤 10월 30일부터 미조부치 타카오(溝淵孝雄) 검찰관에게 이 건물 지하감방에서 심문을 받았다. 그 뒤로도 이 지하감방에서 동북일대 항일 독립투사들이 일제에 체포되면 이곳으로 연행당해 모진 고문과 심문을 받은 악명 높던 곳이었다.

1999년 내가 처음으로 하얼빈을 방문했을 때, 지하실은 '화원여사'라는 간판을 단 싸구려 여인숙이었는데, 지금은 건물 전체가 '하얼빈시 화원소학교'로 바뀌어 있었다. 사람 팔자도 내일을 알 수 없지만 건물이나 땅 팔자도 마찬가지였다. 순간 '영원한 것은 없다'라는 부처님 말씀이 떠올랐다.

거기서부터는 택시를 대절하여 본격 답사에 나섰다. 안내자가 전 헤이룽
장성 당사연구소장이며 사학자인 김우종 선생으로, 서명훈 선생과 함께 조
선민족 역사에 대가인지라 하얼빈 일대 답사에 더 이상 군말이 필요하지 않
았다.

다음 답사지는 조린공원으로 옛 하얼빈 공원이다. 거기로 가는 도중에 김
우종 선생은 차를 세웠다. 삼림가 옛 김성백의 집터라고 했다. 1909년 10월
22일 밤 안중근 일행(안중근, 우덕순, 유종하)이 하얼빈역에 도착한 뒤 곧장
찾아간 집이다.

김우종 선생의 말에 따르면, 당시 김성백은 송화강 철교 공사에도 관여한
상당한 재력가로 하얼빈 한인회장을 겸하여 동흥학교(東興學校)에서 동포
들에게 러시아어도 가르쳤다고 했다. 김성백은 유동하와 사돈 간으로 유동

김우종 선생이 안중근 의사가 거사 후 심문을 받았던
옛 일본총영사관 지하실을 가리키고 있다.

세원목사으로 옛 일본총영사관이 지금은 '창업비시 하원소학교'가 되어다

김우종 선생이 옛 김성백 집터 앞에 서 있다.

하의 누이동생이 김성백의 제수(넷째 아우 부인)였는데, 유동하의 아버지와
는 매우 가까운 사이로 안중근과도 그 인연으로 서로 알게 되었다고 했다.

택시에서 내려 김성백 집터로 갔다. 곧 김우종 선생은 한 허름한 집 앞에
섰다. 출입문 옆 벽에는 '삼림가 22호 2단원'이라는 지번이 붙어 있었다. 중
국 전역이 온통 재개발로 어수선했지만 이 일대도 예외는 아니었다. 김우종
선생은 당시 김성백의 집은 단층으로 집터가 상당히 넓어 그 옆 공터까지도
그의 땅이었다고 하면서 『대한국인 안중근』에 나오는 '삼림가 28호' 지번도
당신 집터에 포함되었다고 설명했다. 옆 건물은 철거 후 새 건물이 치솟고
있었는데 김성백의 옛 집터의 건물도 머지않아 헐릴 것 같았다.

거기서 부르면 대답할 거리에 조린공원이 있었다. 이 조린공원은 1906년
에 개원되었다는데 안중근 의거 당시에는 하얼빈에 하나밖에 없는 공원이
라 통칭 '하얼빈공원'으로 불렀다고 한다. 그 뒤 다른 공원이 생겨나자 그 지

역 행정구역 명칭인 도리(道里)를 따서 '도리공원'으로 했다가 동북이 일제에서 해방되자 자기네의 은인인 소련의 스탈린 원수 이름을 딴 '스탈린공원'으로, 그 뒤 항일 영웅 이조린(李兆麟) 장군의 이름을 딴 '조린공원'으로 정착되었다고, 김우종 선생은 공원 이름에 따른 그동안의 유래를 설명했다. 중국의 근대사만큼이나 공원 이름도 기구하고 복잡했다.

안중근이 하얼빈에서 첫날 밤을 묵은 뒤 이튿날 새벽 이 조린공원을 산책하면서 이토 히로부미 거사 계획을 가다듬었다. 안중근은 1910년 3월 26일 뤼순 감옥소에서 사형 집행 전 유언에서도 "내가 죽은 뒤 내 뼈를 하얼빈공원에 묻었다가 우리나라 국권이 회복되면 고국으로 반장해 다오"라고 적시할 정도로 당신에게는 이토 히로부미 처단 결행의 의지를 굳힌 의미 깊은 장소였다.

조린공원(옛 하얼빈공원)에 안중근 의사의 유묵을 돌에 새겨 지난 역사를 기념하고 있다.

제홍교에서 바라본 하얼빈역 선로. 안중근 의사는
바로 이 다리 위에서 거사계획을 세웠다.

나는 2000년 8월 17일 이곳을 답사한 뒤 꼭 9년 만에 다시 찾았다. 공원 안에는 그 전에 보지 못한 안중근 의사를 기념하는 곳을 따로 마련하여, 의사의 유묵 '청초당(靑草塘)' '연지(硯池)'라는 글씨가 새겨진 돌비석을 볼 수있어 아쉬움을 달랠 수 있었다.

다시 공원 옆 송화강 강가로 갔다. 멀리 송화강 철교가 보이고 그 아래에는 푸르죽죽한 강물이 그날의 장쾌한 일을 아는 듯 모르는 듯 쉬엄쉬엄 흐르고 있었다. 점심시간까지 다소 여유가 있어 거기서 택시를 돌려보내고 공원을 벗어나 차라도 한잔 마시고자 중앙거리로 나오는데, 그 일대는 그새 몰라보게 변해 있었다. 온통 언저리에는 고층 건물로 휘황찬란한 간판을 단, 세계 어느 도시나 다름이 없는 번화가로, 오늘의 중국 번영을 대변한 듯했다. 한 호텔 찻집에서 김우종 선생과 마주 앉아 차담을 나누었다.

"오늘의 중국은 5천년 역사 이래 최대 번영과 안정을 이루고 있어요. 중국인민 가운데 굶어죽거나 얼어 죽은 사람이 있으면 현(縣)이나 성(省)의 책임자는 문책을 당합니다."

나는 김 선생의 말을 들으며 오늘의 중국이 이렇게 번영을 누리고 정치적인 안정을 누리는 것은 무엇보다 1949년 중국인민공화국 수립 후 마오쩌둥(毛澤東), 저우언라이(周恩來), 덩샤오핑(鄧小平) 등 정치 지도자들이 솔선수범 청렴결백한 생활을 한 결과일 것이라고 말했더니, 김우종 선생이 바로 봤다고 내 말에 호응해 주면서 그밖에도 리펑(李鵬), 장쩌민(江澤民) 등 다른 지도자의 청렴결백한 사생활 얘기도 들려주었다.

다음 답사지는 제홍교(霽虹橋)였다. 1909년 10월 24일 아침 안중근 일행이 사전답사 차 하얼빈역으로 가는 길에 하얼빈 역사가 한눈 아래 보이는 이 다리에서 안중근은 역구내 전경을 조망했다. 지금 이곳은 교통량이 매우 많은 곳이라 택시를 세울 수가 없다고 하여 부근에서 내려 걸어갔다. 제홍교 위에서 바라보니 지금도 하얼빈역 구내가 한눈 아래 확 들어왔다. 다리 위는 온통 철조망과 선전물로 그 틈 사이로 카메라 앵글을 맞추고는 셔터를 눌렀다. 제홍교에서 바라본 하얼빈역에는 철로가 엿가락처럼 늘어져 있었고, 지금도 열차들이 잇달아 도착하거나 출발하고 있었다.

점심은 홍군가(紅軍街)의 한 밥집에서 들었는데 김우종 선생은 미리 귀빈을 초대해 두셨다. 내가 매우 뵙고 싶어하던 서명훈 선생과 김 선생의 부인이었다. 사실 이번 하얼빈 일대 답사 안내도 애초에는 서명훈 선생에게 전화로 부탁드렸는데 몸이 불편하다고 하여 차선으로 김우종 선생에게 부탁드렸던 것이다. 백발이 성성한 서명훈 선생을 10년 만에 다시 뵈니 더없이 반가웠다. 건강이 시원찮지만 그곳까지 찾아온 나를 위해 요대를 차고 나왔다고 했다. 화제는 며칠 전 10·26 의거 기념식을 하얼빈 현지에서는 동포들이 성의껏 치렀는데도 서울의 한 방송국에서 섭섭한 방송을 했다는 불만이었다. 하얼빈은 한국 땅이 아닌 어디까지나 중국 땅이라는 점을 한국 언론은 모른 듯하다고 불편한 심기를 토로했다. 헤어질 때 내가 약값에 보태라고 봉투를 드리자 끝내 받기를 거부했다. 10년 전 길안내 때도 그랬다. 다만 내가 한국에서 준비해 간 홍삼 선물 상자만은 받으셨다.

"먼 길에는 눈썹도 짐인데 이 귀한 선물을 여기까지 가지고 오다니…."

인파 속으로 사라진 서명훈 선생의 뒷모습을 보면서 한 사회주의자의 고결한 삶에 깊은 경의를 드렸다.

두 분을 보내고 난 뒤 김우종 선생과 나는 동북열사기념관으로 갔다. 지난날 이곳은 하얼빈 경찰서였다고 하는데, 지금은 동북 삼성 일대에서 활약한 열사들의 행적을 추모하는 장소로 유품들과 모형, 그리고 일본 경찰들의 만행 자료들을 전시하고 있었다. 내가 1999년, 그리고 2000년에 이곳을 들렀을 때는 대대적인 보수로 내부를 살펴볼 수 없었는데, 이번에는 두루 자세히 살펴볼 수 있었다. 김 선생은 당신이 이 기념관 개관에 관여하였다고 하면서 1,2층은 동북 항일열사의 사진과 모형 유품을 전시했고, 지하는 하얼빈 일

동북열사기념관 전경.

본 경찰들의 당시 고문 및 신문 장면을 그대로 재현해 놓았다고 했다. 나는
그동안 허형식 장군의 사진과 유품을 보지 못한 아쉬움을 이번 기회에 풀 수
있었지만, 실내는 촬영금지라 어느 한 장면도 카메라에 담지 못해 아쉬움이
컸다.

"중국은 일제 패망 후 전범(戰犯)과 한간(漢奸, 일제 협력자)들을 모조리
잡아다가 재판에 회부해 처리했습니다. 하지만 단 한 사람도 죽이지 않았
고, 개전의 정으로 참회의 눈물을 흘린 자들은 모두 감형 등으로 용서하거
나 석방했습니다. 가장 오랜 수형자가 25년 감옥에서 징역을 살았습니다."

김우종 선생의 말에 나는 문득 '반민특위'가 떠올랐다. 그때 우리나라도
반민특위를 제대로 운영해서 민족반역의 무리를 처벌했다면 오늘까지 친일

문제가 우리 사회의 갈등요인으로 남아 있지 않았을 거라는 생각이 머리에 스쳤다. 동북 항일열사 가운데는 조선족이 상당수 포함되어 있었다. 두어 시간 김 선생의 설명을 들으며 다시 밖으로 나와 건물 사진이나마 찍으려는데 온통 전깃줄로 뒤엉켜 있어 화면이 좋지 않았다. 다행히 10년 전의 건물 모습과 다름이 없어 그때 찍은 슬라이드 필름이 집에 있기에 큰 아쉬움이 없었다.

다음은 안중근 전시실이 있다는 조선민족예술관으로 갔다. 어귀에 있는 안중근 의사의 동상이 가장 먼저 맞았다. 관계자로부터 안중근 의사에 대한 이런저런 얘기도 듣고 화보와 시디를 구입한 뒤 숙소로 돌아왔다.

김 선생이 돌아간 뒤 그동안 찍은 디지털 카메라의 사진을 노트북에 저장하면서 살펴보니까 하얼빈에서 찍은 사진들이 이른 아침에 찍은 탓으로, 사진마다 깊은 그늘이 져 불만스러웠다. 플래시를 쓰지 않은 것이 잘못이었다. 다음 날 김 선생에게 부탁하여 다시 들러야겠다고 마음먹었다.

필담

제7일 2009년 11월 1일

06:00, 오랜만에 편안한 잠자리에서 푹 자고 일어나니 몸이 한결 가뿐했다. 다시 짐을 꾸렸다. 어제 두 선생님에게 가지고 온 선물(홍삼)을 전달하자 세 덩이의 짐이 두 덩이로 줄었다. 하지만 무게는 별로 줄지 않았다. 텔레비전을 켜자 일기예보를 하는데 '쾌청(快晴) −2 / −13도'라는 자막이 나왔다. 나는 중국말은 잘 모르지만 한자는 어느 정도 알고 있기에 중국이나 일본 여행은 한결 편했다. 일찍이 할아버지에게 목침 위에서 회초리 맞으며 배운 것을 평생 우려먹고 산다. 할아버지는 그때 말씀하셨다. "동양 삼국에서는 한자를 알면 다 통한다"고.

나는 짐을 꾸린 뒤 지하 찬청(餐廳, 식당)으로 가서 아침을 먹었다. 우리나라와 달리 중국은 어디나 아침은 간소했다. 하기는 우리도 그렇게 변하고 있는 듯하다. 멀건 쌀로 쑨 죽 한 사발과 찐 계란 두 개를 먹고, 후식으로 과일을 많이 먹어 두었다.

8시 30분 김우종 선생이 약속시간보다 30분 일찍 오셨다. 하얼빈역에서 지야이지스고 가는 열차를 타기로 약속했던 것이다. 내가 어제 찍은 사진이 이른 아침시간에 찍었기 때문인지 잘 나오지 않아, 하얼빈 역으로 가기 전에 택시를 대절하여 한 바퀴 돌자고 부탁하였더니, 그 청을 들어주었다. 김 선생은 내가 하얼빈을 떠난 뒤 다롄까지 또 혼자 여행함을 알고서는 염려가 되셨는지 즉석에서 소개장을 써주셨다. 역무원이나 공안에게 당신 소개장을 보이면 잘 인도해 줄 것이라고 했다. 하기는 2000년도 항일유적 답사 때도 선생이 써준 소개장으로 가는 곳마다 귀빈 대접도 받고 요긴하게 썼던 전력이 있었다.

택시를 대절하여 옛 일본영사관, 조린공원을 돌면서 어제와는 달리 플래시를 써가며 촬영을 마치고 역에 도착하니 9시 30분, 지야이지스고 행 열차가 오후 1시 33분에 있었다. 지야이지스고는 작은 역이고 완행만 서기에 그렇다고 했다. 짐을 임시보관소에 맡긴 뒤 김 선생은 작별 전 내 취재수첩에다가 허형식 장군이 산화한 경성현 관계자들이 허형식 공원과 추모비를 세웠는데, 허 장군의 고향 구미시와 자매결연을 하고 싶다는 소망을 적고 나에게 그 다리를 놓아 줄 것을 부탁했다. 나는 김 선생 면전에서 실망시켜 드릴 수 없어 알아보겠다고 대답은 했지만, 내 고향 구미의 정서를 모른 듯하여 매우 안타까웠다. 왕산 허위 선생 후손이 백 년 만에 귀향을 해도 구미시에서는 아파트 한 채 주선해 주지 않아 눈물을 흘리며 돌아갔는데, 어쨌든 중국 공산당과 힘을 합쳐 일제에 대항한 '항일연군'의 총참모장 허형식 장군에게 이념을 들먹이면서 선뜻 독립유공자로 끌어안아 주고 순국지라는 빌미로 선뜻 자매결연을 체결해 주겠는가.

김 선생과 작별한 뒤 혼자 역 앞 여기저기를 돌아다녔다. 영하 10도를 오르내리는 날씨에다가 바람까지 세차 몹시 추웠다. 이런 날씨에도 길바닥에 드러누워 동냥하는 거지도 보였다. 가난 구제는 나라님도 할 수 없나 보다. 역 일대에서도 커피숍이 눈에 띄질 않았다. 김우종 선생의 말에 따르면, 중국인들은 커피를 즐겨 마시지 않는다고 했다. 내가 중국을 여행하면서 가장 자주 먹고 즐겨먹는 게 '수교자(水餃子)' 곧, 물만두다. 중국 요리 이름을 잘 모르기도 하거니와 물만두는 값도 싸고 맛이 좋기 때문이다. 만두집에서 배부르게 먹고 나왔는데도 겨우 한 시간밖에 지나지 않았다. 느긋하게 하얼빈역을 카메라에 실컷 담았다. 그래도 개찰 시간이 두 시간은 더 남았다. 역 대합실을 살피니 마침 2층에 PC방이 있었다. 인터넷을 연결하여 그동안 밀린 메일을 다 읽고 국내 소식도 알았다. 이상하게도 바깥에 나가면 국내 소식이 그 소식이 그 소식으로, 며칠 건너뛰어도 그만이었다.

일반 대합실 개찰구는 사람들이 엄청 붐벼 짐이 많은 나로써 엄두를 낼 수 없어 일등 대합실을 이용했다. 12시 50분, 개찰구를 통해 플랫폼을 거쳐 객차에 올랐다. 1548열차 12차 41호 좌석이었다. 잠시 후 일반승객들이 구름처럼 몰려오는데 잠깐 새 객차는 만원이고 짐은 선반뿐 아니라 통로에까지 가득 찼다.

순간 나는 어제 이른 아침에 안중근 의사 의거지 하얼빈역 플랫폼 촬영한 게 떠오르며 그림자가 진 게 삼삼했다. 내가 언제 여기를 다시 촬영할 수가 있겠는가. 가방을 선반에 둔 채로 노트북 가방에 카메라를 어깨에 멘 채 의거 장소로 냅다 달려가 서너 컷을 찍은 뒤 객차로 돌아왔다. 그새 내 자리는 한 호로(胡老, 중국 노인)가 앉고서는 창밖만 바라보고 있었다. 나는 자리를 포기한 채 통로에 서 있는데 지나가는 사람들로 여간 불편치 않았다.

우리나라도 1970년대까지 그랬다. 완행열차 좌석도 2인석이지만은 으레 3인석이었고, 선반 위나 바닥에서도 누워 가는 이도 있었다. 나도 학교 다닐 때 서울에서 부산까지 밤 열차를 타고 가는데 좌석이 없어 꼬박 서서 가다가 나중에는 도저히 몰려오는 잠을 참을 수 없어 객차 사이 빈 공간에 신문지를 깔고 쪼그려 앉아 꼬박 졸면서 간 적도 있었다. 거기다가 그 시절은 무임승차 승객이 많았다. 여객전무가 차표 검사라도 할 때면 무임승객들이 몰려다니느라 엄청 소란스러웠다. 나는 지야이지스고로 가는 열차에서 마치 타임머신을 타고 40-50년 전으로 돌아간 기분이었다.

13:35, 열차는 올드랭사인이 울리는 가운데 출발했다. 내가 통로에서 지나가는 승객에 이리 밀리고 저리 밀리며 아무 말도 없이 차창 밖만 바라보며

서서 가자 한 젊은이가 선뜻 자기 자리에 앉으라고 양보했다. 나는 너무 고마운 나머지 취재수첩에다 "謝(사) 謝(사)"라고 쓰고는 두 손을 모아 감사를 표시했다. 내가 그의 신상을 묻자 그는 학생으로 이름이 이경국(李慶國)이라고 취재노트에 적었다. 객차 언저리 승객들이 나에 대해 질문을 마구 쏟았다. 나는 알아듣지 못할 뿐 아니라 제대로 답을 할 수 없어 김우종 선생의 소개장을 보이자 한 젊은 여성이 그걸 읽고는 눈에서 광채가 나듯이 반기며 필담으로 물었다.

"韓國(한국)? 朝鮮(조선)?"

"韓國(한국)."

"問您多大年紀(문니다대연기)?"

내가 무슨 말인지 잘 모르겠다고 고개를 흔들자 그는 다시 적었다.

"年齡(연령)?"

"65歲(65세)."

그러자 그는 엄지손가락을 치켜세우며 차내 언저리 승객에게 뭐라고 말하자 승객들이 번갈아 나에게 악수를 청하고는 고개를 끄덕였다. 그들은 혁명가의 발자취를 좇는 나에게 경의를 표하는 듯했다. 중국 인민들이 혁명가에 대한 추모의 마음이 대단함은 내 익히 알고 있다. 그들은 자기네 인민들을 일제로부터 해방시켜 준 혁명가에게는 최대 존경심을 표할 뿐 아니라, 혁명열사 묘지와 기념탑은 그들 고장의 가장 높은 곳에다 세워 추모하고 있었다.

그들은 나의 행선지 지야이지스고가 어느 정도 남았다고 손짓이나 필담으로 시간까지 가르쳐 주었다. 나는 그들이 나에게 베푼 친절이 고마워 취재노트에다 크게 썼다.

"中國歷史悠久 韓中善隣親善 萬歲(중국역사유구 한중선린친선 만세)!"

그들은 내 글씨를 돌아보며 "하오, 세세"를 연발했다.

지야이지스고역

14:40, 열차가 지야이지스고역에 도착했다. 중국 승객들과 작별인사를 하고 플랫폼에 내렸다. 칼바람이 몰아쳤다. 지야이지스고역은 만주 벌판 한복판에 세워진 조그마한 역으로 그 언저리에는 건물들이 거의 없었다. 플랫폼에서 역사로 나가려는데 꼬리가 긴 화물차가 앞을 가로막고 있었다. 열차에서 내린 승객들은 화물차 밑으로, 또는 화물차 꼬리로 돌아서 역사로 나가는데 나는 짐이 너무 무거운 데다가 차마 화물차 밑으로 건널 수 없어 두 손으로 귀를 에워싼 채 플랫폼에 서 있었더니 젊은 역무원이 빨리 역으로 나가라는 손짓과 함께 알아들을 수 없는 중국어로 고함을 쳤다. 하는 수 없이 무거운 가방을 끙끙 들고서 화물차 꼬리로 돌아 개찰구로 나갔다.

2000년 8월 20일 2차 항일유적지 답사 때 하얼빈에서 창춘으로 가는 열차를 타고서 지야이지스고역을 지나간 적이 있었다. 그때는 이 철도 부설 당시에 지은 듯한 자그마한 역사였는데 그새 그 역사는 사라지고 새 역사가 황토색 페인트를 잔뜩 뒤집어쓴 채 두 동(棟) 나란히 붙어 있었다. 나는 역장인 듯한 역무원에게 김우종 선생의 소개장을 보이면서 사진 촬영 여부를 물었다. 그는 안중근 의사와 지야이지스고역의 지난 역사를 이미 알고 있는 듯 한국에서 왔느냐고 묻기에 그렇다고 하니까 마음대로 찍으라고 했다.

역사 안팎을 카메라에 담으면서 1909년 10월 25일 우덕순과 조도선이 오들오들 떨면서 이틀 밤을 새운 역구내 매점과 식당은 찾아볼 수가 없었다.

새로 지은 지야이지스고(蔡家沟)역으로, 옛 모습은 찾아볼 수 없었다.

아마도 새 역사를 지으면서 모두 헐어 버린 듯했다. 다만 역사 뒤 한 모퉁이
에 옛 창고 같은 공간이 있기에 그곳이 구내매점과 식당으로 우덕순, 조도
선 두 사람이 이토를 태운 열차가 지나갈 때 전후로 러시아 병사에게 연금된
곳이 아닐까 하여 카메라에 담았다.

　지야이지스고역은 헤이룽장성과 지린성(吉林省)의 접도 지역으로 지린성
부여시에 속한 우리나라 읍에 해당하는 지야이지스고 진(鎭)의 나들목이다.
드넓은 만주평야에 한 점처럼 역사가 서 있을 뿐 주위는 온통 허허벌판이었
다. 역사 언저리는 옥수수 밭으로 이미 추수가 모두 끝나 들판은 텅 비어 있
었다. 다만 지야이지스고역 철로에 머물고 있는 화차에 트럭에 싣고 온 옥

수수 부대를 화차에 옮겨 싣는 몇 인부들만이 분주할 뿐이었다. 혹이나 옛 흔적을 찾아보려고 역사 언저리를 몇 바퀴 돌았지만 썰렁한 바람만 일어날 뿐이었다. 마침 역 앞에 일백 년은 더 묵었을 버드나무가 두 그루 서 있기에 아마도 이 나무는 그날의 일들을 알 듯하여 카메라에 담았다.

다시 역 대합실로 가 창춘으로 가는 남행열차 시간을 보니까 16시 37분에 있었다. 지야이지스고역에서는 하루에 두 차례만 열차가 서는데 만일 다음 차로 내려왔다면 이 벌판 역 대합실에서 나도 우덕순, 조도선 두 사람처럼 오들오들 떨면서 꼬박 밤을 새울 뻔했다.

역사 안팎의 답사와 촬영을 마치자 15시 10분으로, 다음 열차 출발 시간까지 한 시간은 더 남았다. 요기나 할까 하고 역 언저리를 살폈더니 눈에 띄는 곳이 서너 집이 있었는데 찬 날씨 탓인지 사람들이 보이지 않았다. 마침 한 가게가 보여 들어갔더니 상품이 먼지를 잔뜩 뒤집어쓰고 있어 포장된 비스킷 한 개와 음료수 한 병을 샀다.

돌아오는 길에 역 앞 화장실을 들렀더니 그곳은 아직도 한 세기 전 화장실로 아침에 먹은 것까지 토할 뻔했다. 사실 그들뿐 아니라 우리나라도 지난날 그와 같지 않았든가. 10년 전 첫 중국 대륙 답사 때만 해도 웬만한 곳의 화장실은 개선되지 않았으나 두 번, 세 번 갈 때마다 많이 개선되고 있었다. 하지만 워낙 넓은 나라이기에 아직도 지야이지스고와 같은 시골까지는 화장실 문화 개선이 더딘 듯했다. 눈도 감고 호흡도 멈춘 채 용변을 재빨리 보고 대합실로 돌아왔다. 썰렁한 의자에 앉아 참선을 하듯 눈을 감았다.

넷째 마당

뤼순 앞바다를 물들인
장엄한 낙조

1910년 3월 26일 순국 직전 어머니가 보내온
명주저고리와 두루마기, 그리고 검정바지로 갈아입고
죽음을 담담히 기다리는 안중근 의사의 당당한 최후 모습

창춘

2009년 11월 1일 16:42, 내가 탄 남행 K130 열차가 정시보다 5분 늦게 지야이지스고역을 출발했다. 조금 전 열차와는 달리 객차 좌석이 반은 비어 있었다. 달리는 열차 안에서 차창으로 좌우를 살폈으나 망망대해와 같은 만주벌판이 이어졌다. 끝없이 이어지는 지평선 위로 보름달이 덩그렇게 떠올랐다. 음력 9월 보름으로 어머니 제삿날이다. 어머니는 늘 나에게 용기와 힘을 주셨다. 눈시울을 적시며 이런저런 가족 생각을 하는 새 열차는 창춘역에 닿았다. 18시 30분이었다.

창춘은 지린성의 성도(省都)다. 1800년 청(淸) 나라가 창춘청(長春廳)을 설치하여 이 도시가 널리 알려지게 되었다. 러일전쟁 후에는 일본이 청나라로부터 토지를 매수하여 만철부속지(滿鐵附屬地)를 만들고, 그 중앙부에 창춘역을 건설함으로써 역 중심의 방사형 도시가 만들어졌다. 1932년 일본이 만주국을 세우면서 창춘을 수도로 정하고는 '신경(新京)'으로 고쳤으나 1948년 다시 창춘으로 본래 이름을 찾았다. 도시 중심에는 인민광장, 남쪽에는 길림대학·동북사범대학·길림공업대학 등이 있고, 그 서쪽에는 성(省) 도서관, 동쪽에는 성 박물관 등이 있다. 창춘은 '봄의 도시'로 '춘성(春城)'이라는 별칭에 어울리게 가로수와 공원이 많다. 창춘은 교육과 문화의 도시로 26개의 대학과 전통을 자랑하는 영화제작소가 자리 잡고 있다. 또한 이 도시는 청조의 마지막 황제였던 푸이(溥儀)가 만주국 황제로 등극했던 위황궁(偽皇宮)이 자리 잡고 있다. 아울러 관동군 사령부와 사법부 등의 건물들이 아직도 만주국 당시 그대로 남아 있어 일제침략의 역사를 그대로 보여주는 살아있는 교육 현장이기도 하다.

　창춘역도 하얼빈 못지않게 사람들로 붐볐다. 나는 1999년에 이어, 2000년에도 이곳에 들른 적이 있었다. 이번에도 답사 계획을 세우면서 가능한 여기서 하룻밤 묵고는 다시 위황궁을 한 번 더 관람할 예정이었다.

　나는 열차에서 내린 뒤 우선 다롄행 열차시간이나 알아보고자 역무원에게 김우종 선생의 소개장을 보였다. 그는 소개장을 읽고는 나를 역무실로 안내하고는 금테를 두른 상급자에게 인계했다. 나는 그에게 필담으로 "大連行 特快臥車(다롄행 특쾌와차, 다롄행 특급 침대열차)"라고 써 주었더니 그는 10시 20분에 떠나는 차가 있다고 했다. "大連到着(다롄 도착, 다롄 도착이 몇 시냐)?"라고 쓰자, "明朝 6点 左右(명조 6점 좌우, 내일 아침 6시 전후)"라고 답을 썼다.

　나는 잠시 생각을 가다듬은 뒤 그가 요구하는 돈을 주고 열차표를 샀다. 중국에서는 외국인들이 특급침대 열차표나 비행기표는 사기도 어렵거니와 웃돈을 주는 경우도 많은데, 귀한 표를 정상요금 그대로 산다는 것도 행운이란 생각이 들었다. 이미 바깥은 어둠이 짙게 깔렸다. 무거운 짐을 끌고서 숙소를 찾는 것도 싫었고, 창춘역 앞의 울긋불긋한 밤 분위기도 조금은 두려웠다. 위황궁도 두 번이나 봤으면 그만이지 세 번까지 볼 것까지야. 거기다가 밤차로 가면 하룻밤 숙박비도 아끼지 않는가.

　나는 원하던 차표를 손에 넣자 한결 마음이 편했다. 지난번에도 그랬지만 이번 답사에도 김우종 선생의 소개장 덕을 단단히 보았다. 역무원은 다시 아랫사람을 시켜 나를 개찰구까지 친절하게 데려다주었다. 그가 짐을 운반해 주는 건 물론이고. 아무튼 답사여행을 다니면 국내에서보다 해외에서 더 귀한 대접을 받았는데, 이는 문화인, 특히 작가에 대한 예우나 인식이 그들이 더 높다는 것일 게다.

열차 출발까지는 3시간 넘게 남았다. 짐을 맡기고 가까운 곳에 가서 요기라도 하려고 임시보관소를 찾아보았으나 눈에 보이지도 않았다. 하는 수 없이 창춘역 대합실 의자에 죽치고 앉았다. 창춘역 대합실은 우리나라 1950-60년대 설날을 앞둔 서울역 대합실과 비슷했다. "호떡집에 불났다"라는 우리 속담도 있지만 대합실에서 떠드는 중국인들의 소음에 귀가 멍했다. 역구내 빵집에서 우유 한 잔과 빵으로 요기를 한 뒤 다시 개찰구로 돌아와 의자에 앉았다.

창춘역은 열차가 자주 드나드는 듯했는데 대합실에는 각 노선별로 두세 줄씩 승객이 기다렸다. 역무원 10여 명이 고래고래 소리치며 장내를 정리했다. 그런데 갑자기 역무원들이 모두 비상소집이라도 있는지 잠깐 자리를 비우자 금세 장내는 혼란의 도가니였다. 줄은 금세 흩어지고 사람들은 펜스를 뛰어넘어 플랫폼으로 돌진했다. 1960년대에 우리나라 설이나 추석 전날 서울역에서 일어났던 압사사건이 떠올랐다. 나는 이 장면을 바라보면서 중국 인민들도 아직은 선진국민이 되기는 멀었다는 생각을 지울 수가 없었다. 지금은 워낙 공안들이 눌러대니까 겉으로는 질서가 유지된 듯 보이지만, 공안의 손길이 조금만 소홀하면 금세 난장판이 된다는 것을 내 눈으로 확인했다. 그러면서 나는 우리나라를 생각해 보았다. 그들의 무질서와 혼란을 보고서 비웃을 만큼 우리의 질서 의식과 준법정신이 투철한가에 대한 의문이 들었다. 나의 결론은 우리 국민의 수준도 그들과 '오십보 백보'였다. 오십보를 도망친 자가 어찌 백 보를 도망친 자를 보고 비웃을 수 있겠는가.

부패·낙후·내전

창춘역에서 가까운 위황궁(僞皇宮) 진열관에 가보면 장제스 국민당 정부와 동북 군벌정부가 망한 이유를 요약해 놓았다. '부패(腐敗)' '낙후(落後)' '내전(內戰)' 이 세 단어가 국치를 당한 근본 이유라고 밝히고는, '물망국치(勿忘國恥)'를 돌에 새겨 놓고 나라의 치욕을 잊지 말자고 역설하고 있었다. 중국에는 거기뿐 아니라 역사의 현장 곳곳마다 '물망국치(勿忘國恥)' '전사불망후사지사(前事不忘後事之師, 지난 일을 잊지 말고 후세의 교훈으로 삼자)'라는 말을 돌에 새겨 인민들에게 교육시키고 있었다.

'부패'가 망국의 원인이라는 것을 대부분 사람들은 다 잘 안다. 역사를 조금 아는 사람이라면 청나라가 망하고, 장제스 국민당 정권이 망하고, 이웃 조선이 망한 가장 큰 까닭이 '부패'라는 데 이론이 없을 것이다. 이는 우리나라 역사학자나 지식인, 언론인뿐 아니라 일반 국민들도 다 알고 있다. 그런데도 우리 사회에 '부패'가 개선되지 않는 것은 '나는 아니다' '내 가족은 아니다' '우리 집단은 아니다'라는 데 근본 이유가 있다. 정치인들의 비리가 터지면 대부분 사람들은 "그놈들은 그래"라고 혀를 차며 매도를 하면서도 선거 때면 "다 그런 거지 뭐" 하고 새 인물로 바꾸지 않는다.

그동안 많은 고위 공직자들이 비리에 연루되어 쇠고랑을 차거나 스스로 부끄러움을 견디지 못하고 투신자살을 했다. 그런데도 백년하청이다. 앞으로도 얼마나 그런 일을 더 겪어야 부정부패가 사라질지 모르겠다. 백성들

몸속에 암세포처럼 번져 있는 부정부패의 세균을 몰아내지 않는 한, 아무리 정부가, 언론이, 검찰이 부정부패를 뿌리 뽑으려고 해도 공염불이 될 것이다. 나는 해외 답사를 통해서 선진국일수록 보이지 않는 곳에서 법과 양심을 지키는 것을 확인하였다.

그동안 60여 년 살아오면서 숱한 부정부패와 비리를 봐 왔는데 곰곰 생각해 보면 나 또한 예외가 아니라 그러한 부정부패나 비리에 조연이나 단역, 때로는 주역을 담당하기도 했다. 그러면서도 나는 예외라고 그런 부정이나 비리에 둔감한 채 살았다.

이제 인생을 마무리하는 이 시점에서 지난날을 돌이켜 보니까 그 잘못은 남을 탓하기 이전 바로 나에게 있다는 사실을 깨달았다. 내가 먼저 변하지 않고는 이 사회를 변화시킬 수 없다. 나는 이것을 깨치기까지 미련스럽게 60

창춘 우이황궁의 집회루로 황후 완용의 거실이다. 황제 부부가 아편을 즐기며
사치의 극치를 이루는 동안 만주국 백성들은 도탄에 빠졌다.
'勿忘九·一八'이라는 장쩌민 주석의 글을 돌에 새겨 놓았다.

년 세월이 걸렸다. 그런데 통탄할 일은 그런 비리를 주도한 사람이 먼저 승진하거나 고위직에 선출되고 그런 부정부패를 근절시키는 자리에 오른다는 사실에 오늘 대한민국의 비극이 있다. 아직도 백성들 가운데는 그런 일을 주도하는 사람을 매우 능력 있는 사람으로 여기며 부러워하고 박수치기 때문일 것이다. 그런 부정부패와 비리가 나라를 망치는 지름길인 줄도 까마득히 모른 채 자신의 잘못을 반성치 않고 남을 원망하는 미개인으로 아직도 많은 사람들이 21세기를 살아가고 있다.

나라의 앞날을 걱정하는 한 우국지사는 나라에 교육자, 언론인, 검찰이 시퍼렇게 살아 있어야 한다고 말한다. 사회가 아무리 부패해도 이들만 살아 있다면 개혁이 가능하다고 한다. 그런데 우리 사회에 과연 이들의 정의감은 살아 있는가.

'낙후' 조선시대 오백 년 동안 백성들은 거의 변화가 없는 낙후된 삶이었다. 가장 기본인 의식주(衣食住) 어느 하나 획기적인 변화나 발전이 없었다. 대부분의 백성들은 헐벗고 굶주리고 누추함을 벗어나지 못했다. 하늘만 쳐다보는 농사는 해마다 가뭄과 홍수의 되풀이로, 봄이면 대부분 백성들은 양식이 떨어졌다. 거기다가 탐관오리들의 수탈로 더 이상 견딜 수 없어 백성들은 괴나리봇짐을 싸서 남부여대로 국경 넘어 만주로, 연해주로, 심지어 하와이, 멕시코 등지의 사탕수수밭으로 옮겨 가기도 했다. 서양은 산업혁명으로 기차와 자동차를 타고 다니는데, 일부 지배계층만 가마나 말을 탔을 뿐, 백성들은 아무리 먼 길이라도 걸어서 다녔다. 오백 년 내내 괭이나 삽으로 땅을 팠고, 등짐을 지거나 머리에 인 채 짐을 날랐다. 양반 계층들이 일하는 것을 업신여기는 노동 천시사상은 노동인구의 부족으로 생산의 저하를 가져와 낙후한 생활을 면할 수 없었다. 그러면서도 허례허식과 공리공론에 집착한 결과 백성들의 삶의 질은 제자리걸음이었다.

"양반은 농사나 장사하지 않아도 살 수가 있고, 조금만 공부하면 문과에 오르고 진사를 할 수 있으며, 배는 종놈 대답 소리에 저절로 불러지고, 방에는 노리개로 기생이나 두고, 궁한 선비가 되어서 시골에 가 살아도 자기 뜻대로 할 수 있으니, 이웃집 소가 있으면 내 논밭을 먼저 갈게 하고, 마을 사람들을 불러내 밭의 김을 먼저 매게 하는데, 어느 놈이든지 감히 말을 듣지 않으면 코로 잿물을 먹이고, 상투를 붙들어 매고, 수염을 자르는 등 갖은 형벌을 가해도 원망을 할 수가 없는 것이다."[37]

이런 양반신분 사회가 오백 년을 이어왔으니 뼈 빠지게 일한 계층은 일부 상민이나 천민에 불과했다. 같은 시대 서구와 비교하면 단순노동에서도 비교가 되지 않았다. 거기다가 여성은 사람대접을 받지 못했다. 단지 여성이라는 이유로 갖은 인권이 침해된 사회였고, 사회 진출도 할 수 없는 시대였다. 여성의 창의와 능력은 그대로 빛을 보지 못한 암흑사회였다. 이런 봉건사회에서는 백성들의 생활 개선이 이루어질 수 없었다.

조선시대 '낙후'의 원인은 변화와 개혁을 두려워했기 때문이다. 집권층은 기득권을 잃을 양 변화와 개혁을 철저히 막았다. 이런 수구 보수세력으로 말미암아 정치, 경제, 사회, 문화 등 모든 분야에 '낙후'를 면치 못하다가 결국 망국을 맞았다.

'내전'은 나라 안 동족끼리의 싸움으로 내란, 민란도 포함될 것이다. 동서고금의 역사를 보면 집안도 나라도 멸망 원인에는 골육상쟁의 내전이 빠지지 않았다. 중화사상(中華思想, 중국을 세계문명의 중심이라고 여기는 사상)에 빠져 소중화(小中華)에 자족하면서 서구의 합리적 사상이나 과학을 무시하거나 깔보면서 내부 개혁을 하지 않은 집권층은 조선 후기로 접어들면서 홍경래의 난을 시작으로 진주민란이 일어났고, 이어 삼남뿐 아니라 경기, 황해도, 함경도에 이르기까지 소요가 일어났다. 이들 민란의 원인은 탐관오리들의 수탈과 지역 차별, 과거제도의 문란에 따른 매관매직으로 백성들의 불만이 분출된 결과였다.

이런 민란에도 지배계층은 내부 개혁을 소홀히 하다가 마침내 갑오 동학 농민전쟁을 맞았다. 관군이 동학군을 진압치 못하자 조정에서 외국 군대를 끌어들인 결과 결국에는 나라가 망하는 빌미를 제공한 셈이었다. 아직도 우리나라는 국토가 남북으로 분단되고, 지역간 계층간 갈등의 골이 깊다. 38 선(휴전선)은 한반도에만 있는 게 아니라 뉴욕에도 파리에도 베이징, 도쿄에도 있다. 미국의 한 주, 중국의 한 성보다도 더 작은 나라 안에 경상도, 전라도, 충청도 등 지역감정이 살아 있는가 하면, 최근에는 수도권과 비수도권으로 나눠지고, 부유층과 빈곤층 등 갈기갈기 나눠져 또 다른 내홍(內訌, 내부 분쟁)을 겪고 있다. 이런저런 생각을 하는 새 개찰 시간이 되었다.

22:20, 창춘역 플랫폼에서 다롄행 열차에 올랐다. 기관차가 우리나라 KTX와 비슷했다. 승차권을 보니 2차 15호 하단이 내 자리로, 객차 안은 만원이었다. 가방을 침대 곁에다 놓고 옷을 입은 채 눈을 감았다. 열차가 미끄러지듯 창춘을 출발했고, 매우 빠른 속도로 달렸다. 창밖은 어둠과 고속으로 보이는 게 없었다. 피로가 겹치고 차내의 온기로 금세 잠이 들었다.

제8일 2009년 11월 2일

02:00, 잠이 설핏 깼다. 다롄행 특급열차는 쾌속으로 요동반도를 향해 달리고 있었다. 커튼을 젖히고 밖을 내다보았으나 어디가 어딘지 모르겠다. 아직도 지린성인지, 그새 랴오닝성으로 접어들었는지도 모르겠다. 웬만한 역들은 대부분 통과라 역 이름을 확인할 수가 없으니 지도도 무용지물이었다. 하기는 그 지명을 굳이 알아서 무엇하겠는가. 무척이나 먼 여정이다. 비행기를 타면 몇 시간에 닿을 수 있는 길이지만 나는 나흘째 열차를 밤낮으로 타고 달리고 있다. 안중근 의사도 아마 이 길을 이대로 달렸을 것이다.

안중근 행장 — 10

1910년 10월 26일 저녁 8시 무렵, 일본 측의 강력한 요구로 러시아 검찰관이 안중근을 직접 호송하여 하얼빈 일본 총영사관에 인도했다. 일본 총영사관 측은 안중근을 인도 받아 곧 지하 감방에 유치했다.

이튿날(10월 27일) 오후 4시 무렵, 하얼빈 김성백 집에 정대호 일행 아홉 명이 현관문을 두드렸다. 쑤이펀허의 청국세관 주임 정대호는 1910년 10월 23일 진남포를 출발하여 4박 5일의 긴 여로 끝에 하얼빈에 도착한 것이다. 그의 가족인 처와 어머니, 두 아들과 사촌 정서우, 그리고 안중근에게 부탁받은 안중근의 처 김아려와 두 아들 등이었다. 곧 러시아 헌병이 나타났다.

"무슨 일로 이 집을 찾아왔나?"

"나는 청국세관 관리 정대호요. 휴가를 받아 한국에 가서 가족을 데리고 쑤이펀허로 가는 길에 여기를 들렀소."

"김성백과는 이전부터 아는 사이인가?"

"그렇소."

"그렇다면 안응칠과도 아는 사이인가?"

"도대체 무슨 일이오?"

"어제 하얼빈역에서 안응칠이 일본에서 온 이토 히로부미를 권총으로 사살하고, 그 자리에서 체포되었소."

"네!?"

"데리고 온 사람은 누고요?"

"나의 어머니와 처, 그리고 두 아들, 여동생, 여동생의 두 아들, 그리고 나의 사촌이오."

순간 정대호는 기지를 발휘하여 안중근의 처 김아려를 여동생으로 만들었다.

"그러면 남자 두 명은 연행할 테니 여자와 아이들은 이 집에 남아도 좋소."

러시아 관헌은 정대호와 정서우를 강제로 연행하였다.

1909년 10월 28일, 러시아 관헌은 안중근 외 연루자 14명도 이날까지 일본총영사관에 인도하였다. 인도자는 안중근(31세), 우덕순(32세), 조도선(36세), 유동하(17세), 정대호(34세, 쑤이펀허 청국세관 주임 안중근의 친구), 정서우(20세, 정대호의 사촌), 김성화(19세, 김성백 셋째 여동생), 김성옥(48세, 하얼빈에서 약국 경영), 탁공규(34세, 하얼빈에서 약국 경영), 김형재(20세, 하얼빈 동흥학교 교사 및 『대동공보』 통신원), 홍청준(37세, 하얼빈한인회 회계원), 김려수(29세, 하얼빈한인회 회계원), 장수명(32세, 하얼빈한인회 회원), 김택신(42세, 하얼빈한인회 회원), 이진옥(39세, 하얼빈한인회 회

원) 등이었다.[38]

1909년 10월 30일, 안중근은 관동도독부 고등법원 검찰관 미조부치 타카오에게 신문을 받았다. 미조부치 타카오는 '이토 히로부미 사건'의 담당검사로서 뤼순에서 하얼빈에 급파되었다. 그는 1899년 동경제국대학 법과를 졸업하고 사법관 시보로서 동경지방재판소 검사국에 들어갔다가 1908년 9월 관동도독부 고등법원에 부임하여 뜻밖에 큰 사건을 맡게 되었다.

피고인 제1회 신문조서(訊問調書) 초(抄)

피고인 안응칠(安應七)

이 자에 대한 살인피고사건에 대하여 메이지 42년(1909년) 10월 30일 하얼빈 일본제국 총영사관에서 검찰관 미조부치 타카오(溝淵孝雄), 서기 기시다 아이분(岸田愛文), 통역촉탁 소노키 스에요시로(園木末喜) 통역으로 검찰관이 피고인에 대하여 신문한 바는 다음과 같다.

성명, 나이, 직업, 신분, 주소, 본적지 및 출생지는 어디인가?
— 성명은 안응칠, 나이는 31세, 직업은 엽부(獵夫, 포수), 신분은 …, 주소는 한국 평안도 평양, 본적지 출생지도 평양이다.
피고는 한국 신민인가?
— 그렇다.

한국의 병적(兵籍)부에 기록되어 있는가?

— 병적부에는 오르지 않았다.

피고의 종교 신앙은 무엇인가?

— 나는 천주교 신자다.

......

피고가 평소 적대시하는 사람은 누구인가?

— 이전에는 별로 그런 사람이 없었는데, 최근에 한 명 생겼다.

그게 누구인가?

— 이토 히로부미이다

이토 공작을 왜 적대시하는가?

— 그를 적대시하게 된 원인은 많다. 그 원인을 열거하면 다음과 같다. 첫째, 지금으로부터 십여 년 전, 이토의 지휘로 한국 왕비를 살해하였다. 둘째, 지금으로부터 오 년 전 이토는 병력으로써 오 개조의 조약을 체결하였는데, 그것은 모두 한국에 대하여 대단히 불이익한 조항이다. 셋째, 지금으로부터 삼 년 전, 이토가 체결한 십이 개 조의 조약은 모두 한국에 대하여 군사상 대단히 불이익한 사건이다. 넷째, 이토는 기어이 한국 황제의 폐립(廢立, 임금을 폐하고 다른 임금을 세움)을 도모하였다. 다섯째, 한국 군대는 이토로 때문에 해산되었다. 여섯째, 조약 체결에 대하여 한국인이 분노하여 의병이 일어났는데, 이 관계로 이토는 한국의 양민을 다수 살해하였다. 일곱째, 한국의 정치 기타의 권리를 약탈하였다. 여덟째, 한국의 학교에서 사용한 좋은 교과서를 이토의 지휘 하에 소각하였

다. 아홉째, 한국의 인민에게 신문의 구독을 금하였다. 열째, 얼마만큼 충당시킬 돈이 없는데도 성질이 좋지 못한 한국 관리에게 돈을 주어 한국인에게 아무 것도 알리지 않고 드디어 제일은행권을 발행하고 있다. 열한째, 한국인의 부담으로 돌아갈 국채 이천삼백만 원을 모집하여 이를 한국인에게 알리지 않고 그 돈을 관리들 사이에서 마음대로 분배하였다고도 하고, 또는 토지를 약탈하기 위하여 사용하였다고도 하는데, 이것이 한국에 대하여는 대단히 불이익한 사건이다. 열두째, 이토는 동양의 평화를 교란하였다. 그 까닭은즉, 노일(러일)전쟁 당시부터 동양평화 유지라고 하면서 한국 황제를 폐립하고 당초의 선언과는 모조리 반대의 결과를 보기에 이르러 한국인 이천만은 다 분개하고 있다. 열셋째, 한국이 원하지 않음에도 불구하고 이토는 한국 보호의 이름을 빌어 한국 정부의 일부 인사와 의사를 통하여 한국에 불리한 시정(施政)을 하고 있다. 열네째, 지금으로부터 사십이 년 전 현 일본 황제의 부군(父君)인 분을 이토가 살해한 사실을 한국인이 다 알고 있다. 열다섯째, 이토는 한국인이 분개하고 있음에도 불구하고 일본 황제나 기타 세계 각국에 대하여 한국은 무사하다고 하여 속이고 있다. 이상의 죄목에 의하여 이토를 살해하였다.

……

이달 이십육일 아침 이토 공작이 하얼빈 정거장에 도착하였을 때 피고는 단총(短銃, 권총)을 갖고 공작을 저격하였는가?

— 틀림없다.

그것은 피고 혼자서 실행하였는가?

─ 그렇다. 혼자였다.

(증거물로 압수한 권총을 보이며) 피고가 사용한 흉기는 이것인가?

─ 그렇다.

이 단총은 피고의 소유인가?

─ 그렇다.

어디에서 입수하였는가?

─ 금년 5월 무렵 내가 의병(義兵)에 가입하였을 때 동지가 어디에서인가 사다 주었다.

피고는 전부터 이토 공작을 한국 또는 동양의 적으로 알고 죽이고자 결심하고 저격하였는가?

─ 그렇다. 나는 삼 년 전부터 이토의 생명을 뺏으려고 결심하고 있었다. 나는 처음은 일본을 신뢰하고 있었는데, 점점 한국은 이토로 인하여 불리해지므로 나는 마음이 변하여 이토를 적대시하기에 이르렀다. 그것은 나뿐 아니라 한국의 이천만 동포 모두가 같은 마음이다.

피고는 삼 년 전부터 끊임없이 이토를 죽이려고 하였는가?

─ 그렇다. 그러나 내가 힘이 없으므로 기회가 없었다.

금년 봄 한국 황제가 행행(行幸, 임금이 궁궐 밖으로 거동함)할 때 이토 공작이 호종(扈從, 임금을 모시고 따라감)하였는데 그때 그 뜻을 실행할 기회는 없었는가?

─ 그때 나는 함경도 갑산에서 이토를 죽이고자 협의한 일도 있었

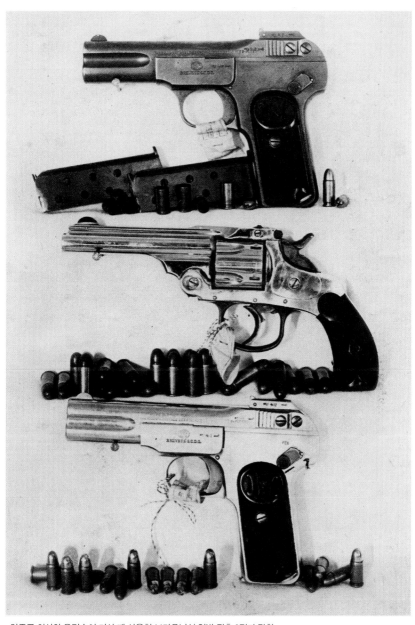

안중근 의사와 우덕순이 거사 때 사용한 브라우닝식 연발 권총 3정과 탄환.
일제가 증거물로 압수한 것으로, 맨 위 권총이 안 의사의 것이다.

으나 그때는 기계(무기 곧 권총 따위)도 준비가 안 되었고, 또 먼 거리일 뿐만 아니라 호위병도 많고, 또 한국 황제께서도 일행에 계시므로 실행치 않았다.

……

범행 때 사용한 단총은 어디에 넣고 있었는가?

— 오른쪽 주머니에 넣고 있었다.

탄환은 일곱 발을 장전하였나?

— 그렇다.

정거장 입구에서 플랫폼에는 어떤 기회에 들어갔는가?

— 일본인도 많이 들어가고 있었으므로 나의 모양도 일본인 같아서 함께 들어갔다.

이토 공이 타고 있던 기차가 도착할 때까지는 어디에 있었는가?

— 정거장 대합실에 있었다.

피고는 이토 공작의 얼굴을 평소 자세히 본 일이 있는가?

— 본 일이 없다. 사진만 보았을 뿐이다.

사진으로 무엇인가 특징을 기억하고 있는가?

— 콧수염 등의 모양으로 알고 있다.

사진과 비교하여 이토 공작인 것을 어떻게 알았는가?

— 이토가 탄 기차가 도착하자 나는 즉시 군대의 뒤로 가서 서 있었다. 이토가 환영단을 통과한 뒤 돌아서려 할 때 나는 그가 이토임을 알아차리고 이 열로 늘어선 러시아 군대 후열의 병사들 사이에서 아무도 모르게 단총을 꺼내 쏘았다.

피고가 저격하였을 때 이토 공 일행은 어떤 모양으로 걷고 있었는가?

— 이토는 일행보다 조금 앞서 걷고 있었다.

이토 공이 피고 앞을 통과할 때 쏘았는가? 또 그 거리는 어느 정도였는가?

— 내 앞을 조금 지날 때 두 간(間) 반 정도(4.5미터) 떨어져 있는 곳에서 상박부(팔의 윗부분)를 겨누고 서너 발 쏘았다.

발사할 때 피고는 어떤 자세였는가?

— 서 있었다.

단총으로 사람을 쏠 때 머리를 겨누지 않고 상박을 겨눠 쏘면 흉부(가슴)에 명중한다는 것을 피고는 알고 있었는가?

— 나는 평소 포수[獵夫]로 총을 쏘니까 경험상 상박을 겨누면 명중한다는 것을 알고 있었다. 누구로부터 배워서가 아니다.

많은 사람이 있는 곳에 발사하는 것은 이토 공 이외의 사람에게도 위험을 미칠 것이라는 것을 예상하고 있었던가?

— 이토의 부근에 있는 사람이 다칠 것은 예상하고 있었다.

피고가 사진으로 보고 예상했던 이토 공과 실제로 본 이토 공은 어떠했는가?

— 생각했던 것보다 왜소한 사람이었다.

피고가 총을 발사한 결과 이토 공작이 어떻게 되었는지 알고 있는가?

— 전혀 모른다. 또 그 결과를 누구로부터도 듣지 못하였다.

피고는 이토 공의 생명을 잃게 하였으니 피고의 신체는 어찌할 생각인가?

— 나는 내 몸에 대하여는 원래 생각한 일이 없다.[39]

……

1909년 11월 1일, 검찰관 미조부치 타카오는 안중근 등 9명에게 구류장을 첨부하여 오전 9시에 관동도독부의 헌병대에 신병을 인도하고 이들을 뤼순 감옥으로 호송하였다. 뤼순으로 호송된 9명은 안중근, 우덕순, 조도선, 유동하, 정대호, 김성옥, 김려수, 김형재, 탁공규 등이었다. 그들 외 하얼빈에 남은 김성화, 정서우 등 6명은 모두 무혐의자로 석방되었다.

오전 11시 안중근 등 9명은 헌병의 삼엄한 호위 가운데 하얼빈역을 출발하였다. 호위병 가운데 헌병 상등병 치바 도시치(千葉十七)는 달리는 열차 안에서 안중근을 가까이서 바라보았다. 그는 육군에 징병되자 헌병을 지원하여 직업군인이 되었다. 그가 10월 27일, 하얼빈 출장 명령을 받았을 때는 이토 히로부미를 살해한 범인을 도저히 용서할 수 없었다. 그런데 호송 중 열차 안에서 본 안중근은 평온한 표정에 사람을 감싸는 듯한 분위기를 풍기는 데다 전혀 비굴하지 않은 그의 태도에 적개심은커녕 점차 매료되었다.[40]

1909년 11월 2일, 안중근 일행은 창춘헌병소에서 일박한 뒤 다시 삼엄한 감시 아래 뤼순행 열차에 호송되었다. 열차가 잠시 정차한 역에서 한 일본 순사가 오르고는 주먹으로 안중근의 뺨을 후려갈겼다. 안중근이 이에 항의하자 호송 헌병들이 그를 기차에서 끌어내렸다. 이튿날(11월 3일) 아침, 안중근 일행을 실은 열차는 뤼순에 도착했다. 헌병 셋이 안중근을 호위했는데 한 명은 뒤에서 포승줄을 잡았고, 두 명은 양쪽에서 두 팔을 잡고 호송했다. 뤼순에 도착 뒤, 마차에 태워 시가지로 가지 않고 산길을 돌아 뤼순 감옥으로 이송했다.

(헌병분파소에서) 온몸을 검사한 뒤에 조금 있다가 러시아 검찰관이 한국인 통역과 같이 와서, 성명과 어느 나라 어느 곳에 살며, 어디로부터 와서 무슨 까닭으로 이토를 해쳤는가를 물으므로, 대강 설명해 주었는데 통역하는 한국인의 말은 잘 알아들을 수 없었다. 그때 사진을 찍는 자가 두서너 번 나타났고, 오후 8, 9시쯤 러시아 헌병장교가 나를 마차에 태워 어느 방향인지 모를 곳인 일본 영사관에 이르러 넘겨 주고 가버렸다.
그 뒤에 이곳 관리가 두 차례나 심문했고, 네댓새 후 미조부치 검찰관이 와서 다시 신문하므로 전후 역사의 세세한 것을 공술했더니, 미조부치 검찰관이 이토를 가해한 일에 대해서 물으므로 나는 이렇게 대답했다.
– 중략–
검찰관이 내 말을 다 듣고 난 뒤에 놀라면서 하는 말이 "이제 진술하는 말을 들으니, 참으로 동양의 의사(義士)라 하겠다. 당신은 의

사이니까 반드시 사형 받을 법은 없을 것이니 걱정하지 말라"는 것이었다.

나는 대답하되 "내가 죽고 사는 것은 논할 것 없고, 이 뜻을 속히 일본 천황폐하에게 아뢰어라. 그래서 속히 이토의 옳지 못한 정략을 고쳐서, 동양의 위급한 대세를 바로잡도록 하기를 간절히 바란다" 하고 말을 마치자 또 지하감옥에 가두더니, 다시 4, 5일 뒤에 말하기를 "오늘은 여기에서 뤼순구로 갈 것이다" 하는 것이었다.

그때 보니 우덕순, 조도선, 유동하, 정대호, 김성옥과 또 얼굴을 알지 못하는 사람 두세 명이 같이 결박되어 정거장에 이르러 기차를 타고 떠났다.

이날 창춘헌병소에 이르러 밤을 지내고, 이튿날 다시 기차를 타고 어느 정거장에 도착했는데, 일본 순사 하나가 올라와서 갑자기 내 뺨을 주먹으로 후려갈기므로 내가 성이 나서 욕을 하자 일본 헌병 정교(正校)가 곁에 있다가 그 순사를 끌어 기차에서 내려 보낸 뒤에 날더러 하는 말이 "일본이든 한국이든 이같이 좋지 못한 사람이 있으니, 성내지 마시오" 하는 것이었다. 그 이튿날 뤼순구에 이르러 감옥에 갇히니 때는 9월 21일(음력, 11월 3일) 무렵이었다.[41]

다롄역

06:20, 밤새 달려온 열차는 다롄역에 멎었다. 창춘-다롄 간을 8시간에 주파한 대단한 속력이었다. 문명은 점차 사람을 편리하게 해주고 지구촌을 좁혀 준다. 하지만 사람은 그와 비례해서 행복하지 않다. 물질문명에서 사람의 행복을 찾는 것은 한계가 있다. 형장에서 교수형을 당하면서도 행복을 누리는가 하면 최고위직에서도 괴로움을 참지 못하고 스스로 목숨을 끊기도 한다. 우리나라 현대사에서 가장 위대한 대한의 영웅 안중근 의사의 발자취를 뒤따르는 기쁨이 없다면 이처럼 고생스럽게 밤을 새워 열차여행을 하지 않을 것이다.

다롄 뤼순 일대 답사 안내를 부탁한 다롄 대학교 유병호(劉秉虎) 교수에게 전화하기는 너무 이른 시간이라 역 앞 커피 집에서 느긋하게 커피 한 잔을 마셨다. 커피 맛이 참 좋았다. 유 교수는 김호일 안중근의사기념관장 제자로 이번 답사길에 소개받은 분이었다. 7시가 넘은 뒤에 통화를 하자 우선 숙소를 정한 다음 알려주면 점심시간 무렵 찾아오겠다고 했다.

나는 짐을 끌고 숙소를 찾는데 한 젊은이가 다가오더니 전단지를 보여주고는 고급 빈관이라고 하면서 하루 200위안이라며 자기가 안내하겠다고 간청했다. 심신이 지친 나머지 그에게 가방을 맡겼더니 다롄역에서 머지않은 중앙공관이라는 빈관으로 안내했다. 20층이 넘는 고층 고급 빈관인데 값이 매우 쌌다. 아마도 비수기라서 투숙객이 없어 값을 대폭 낮춘 모양이었다.

뜨거운 물에 샤워를 하자 밤새워 달려온 열차 여독이 한꺼번에 가셨다. 산책 겸 아침을 먹고자 다롄역 앞 일대를 두리번거리는데, 만두가게에서 솟아나는 김이 내 혀를 유혹했다. 거기서 만두로 요기를 했다. 참 나는 시시한 놈이다. 요리의 본고장에서 기껏 물만두나 찐만두로 끼니를 해결하는 못난이가 아닌가.

다롄은 하얼빈이나 지야이지스고보다 위도가 낮기에 날씨가 따뜻할 줄 알았더니 바람이 세찬 게 손이 여간 시리지 않았다. 장갑을 한 켤레 사고자 가게에서 값을 묻자 가게마다 값이 춤을 췄다. 아무래도 속을 것 같아 가죽장갑을 사려고 했던 애초 생각과는 달리 값싼 면장갑을 샀다. 중국에서는 물건을 사고도 바가지를 쓰지 않았는지 갸우뚱거릴 때가 많다. 공항 면세점에서 진품이라고 주는 것을 사고도 '짝퉁'을 산다고 하니 도시 믿을 수가 없다. 더욱이 중국인들은 외국인이라면 호구로 안다. 백성들이 정직하지 않고서는 결코 나라가 선진국이 될 수 없을 것이다.

12:00, 유 교수가 빈관 로비에서 전화를 했다. 답사 준비를 하고 로비로 내려갔더니 일행이 있었다. 유 교수는 대학 강의에다, 그 무렵 한중일 삼국의 학술 세미나 등으로 몹시 바쁘다고 했다. 마침 점심시간으로 세미나에 참석한 일본인과 점심 선약이 돼 있는데, 내가 왔기에 어쩔 수 없이 같이 왔다고 양해를 구했다. 사실 나는 그에게 정확한 도착 날짜를 일러 주지 못하고 11월 초순 무렵이라고만 전화로 알렸던 것이다. 더욱이 답사 중에는 내 손전화가 연결되지 않아 오늘 다롄에 도착한 뒤에야 도착 사실을 알렸던 것이다.

동양 삼국 평화방안

세 사람은 거기서 택시를 타고 한 한국 음식점에 갔다. 동석한 일본인은 환일본해경제연구소 연구주임 미무라(三村光弘, 40)로 우리말이 매우 능숙할 뿐 아니라 인상이 매우 좋았다. 유 교수가 내 소개를 마치자 나는 그에게 정식 인터뷰를 하듯이 질문을 마구 쏟았다.

"안중근 의사에 대한 평가를 부탁합니다."

"그분은 일본인 간수도 존경했던 인물입니다. 그분의 정신은 큰 틀에서 공감합니다. 동양평화론과 동아시아 공동체를 일백 년 전부터 구상한 것은 안중근 의사의 대단한 혜안입니다. 그 시대 보통사람들이 이해 못하는 사상으로 정말 대단한 위인입니다."

깨끔한 그의 첫인상에도 호감이 갔지만 그의 말은 미운 마음을 품고 대할 수 없게 만들었다.

"일본도 서구 세력이 몰려오자 한국처럼 쇄국정책을 쓰다가 더 이상 견딜 수 없어 자구책으로 제국주의를 수입하여 나중에는 한국을 병탄하고 중국까지 넘보았던 것입니다. 그 무렵 안 의사가 '동양 삼국이 대등하게 뭉치자'라고 역설한 것은 보통사람보다 서너 걸음 앞서 간 분이지요."

그는 동양 삼국 역사에 매우 해박했다.

"왜 일본은 과거의 잘못을 솔직히 시인하고 피해국인 한국과 중국에게 진심으로 사과하지 않습니까? 그래야만 한국과 중국이 과거사를 털어버리고 새로운 공동체를 구성하여 동양평화를 이루지 않겠습니까?"

"일본은 가해자로서 피해 당사자에게 당연히 사과해야 함에도 과거를 반성치 않고 피해국에게 만족한 사과를 하지 못한 것은 일본인의 담력이 부족한 때문입니다. 솔직히 말해 일본인들의 그릇이 작은 탓입니다."

그를 카메라에 담자 덕담처럼 카메라가 매우 좋아 보인다고 말했다.

"일제 캐논입니다. 10년 전부터 항일유적답사를 다니면서 매번 일제 카메라를 가지고 다닙니다. 그전에 썼던 필름 카메라도 캐논이었지요. 아직도 한국인들은 일본인들의 광학이나 정밀기술에는 뒤지고 있습니다."

"그것은 일본인들이 기술자를 숭상하는 전통 때문일 것입니다. 반면에 한국은 철학에서 일본보다 앞섰지요. 예를 들면 주자학과 같은…."

"그 결과 일본에 선진문화를 전수해 주던 한국이 오히려 일본에 역전을 당했지요. 일본인들의 배우려는 자세와 기록의 철저함은 높이 평가합니다. 역설이지만 일제강점기에 누가 친일을 하고 항일을 했는지 일본 기록에 가장 정확히 드러나 있더군요."

"아무튼 일본인들은 땀 흘려 일하는 것을 매우 좋아합니다. 혼다(本田, Honda)의 창시자 혼다 소이치로(本田宗一郎)는 죽기 전까지 작업복을 입고 공장에서 노동자들과 함께 일했습니다. 그는 자기는 기업경영을 모른다고 전문인에게 맡기고 대신 기술을 당신이 장악했지요. 일본에서는 현장 중심으로 실무자인 과장의 파워가 가장 셉니다. 왜냐하면 실무자인 과장이 현실을 가장 잘 알고 있기 때문입니다. 부장이나 이사, 사장 들은 현장이 잘 돌아가게 도와주는 역할을 하는 이들입니다."

여러 차례 일본을 둘러보고 그들을 만나 보고 느낀 바지만, 결코 우리는 일본인을 일방으로 증오만 해서는 안 된다는 생각이 들었다. 나는 일본을 네 차례 역사 기행을 했는데, 두 번째 방문 때는 일본 공무원들과 동행하면서 안내를 받았다. 그들은 동행 내내 큰 봉투를 들고 다녔는데 나중에야 그

봉투 속에는 방문지 일대의 자료라는 것을 알았다. 그들은 방문자의 불시질문에 자기가 모르는 게 있으면 자료를 들춰 대답했고, 그 자료에 없는 질문은 메모했다가 이튿날 만나자 마자 답했다. 나는 바로 그것이 작은 일본이 수십 배나 큰 중국과 러시아를 이긴 결과일 것이라고 진단했다.

나는 미무라 주임과 대담을 끝내고 유병호 교수에게 가장 궁금한 안중근 의사 유해에 대해 물었다.

"안 의사 순국 후 동생들이 형의 시신 인도를 일본 측에 요구했으나 거절당했습니다. 뤼순 감옥소 측의 말로는 안 의사의 시신은 사형수 무덤에 매장했다는데, 거기에 매장되었다면 당시 법으로 3년 후에 소각하는 것으로 되어 있습니다. 그렇다면 지금에 와서 유해를 찾기란 불가능하지요. 다만 안 의사는 특수한 경우이니까 일본이 별도 매장해서 관리하였다면 찾을 수 있을 테지요."

유 교수의 견해도 이미 세상에 알려진 이상의 특별한 게 없었다. 그가 안중근 의사의 유해에 대해 더 정확히 알고 있다면 벌써 특종감으로 이미 의사의 유해는 고국으로 반장되었을 것이다. 그는 연변대학 박창욱 교수에게서 배웠다고 하여, 내가 아는 연변대 김태국 교수를 얘기하자 대학 2년 선배라고 했다. 말이 난 김에 그 자리에서 김태국 교수와 즉석에서 전화 연결하여 서로 반가운 인사를 나눴다.

그는 지금 동양 삼국 경제협력 방안에 대한 세미나를 다롄서 열고 있다는데, 북한 학자까지 참여했기에 사실은 동양 4국 경제협력 세미나라고 했다. 안중근 의사가 일백 년 전에 말한 '동양평화론'이 이제 빛을 보는 듯했다.

"동양 삼국의 평화, 말은 쉽지만 힘의 균형 없이는 어려운 일입니다. 개인도 그렇지 않습니까? 진정한 동양 삼국의 평화를 위해서는 한국과 중국이 더 분발해야 합니다."

유 교수의 말이 나에게는 모범답안처럼 들렸다. 집안 형제도 서로 사는 게 엇비슷해야 사이좋게 지내지 않는가. 내가 둘러본 동양 삼국에서 한국과 중국은 기술면이나 일의 처리 정확도에서, 그리고 일반인 생활 속의 정직성과 질서 면에서 많이 뒤처지고 있었다. 일본 시골 오지마을에서도 집 앞 평상에다 채소를 무인판매하는 것을 보고 탄복했다. 한일 페리나 도쿄 전철역 자판기에는 한국 동전 때문에 골치를 앓는다고 하지 않은가. 아직도 중국의 웬만한 도시 거리는 교통신호도 무시한 채 사람과 마차, 리어카, 자전거, 오토바이, 자동차 등이 마구 뒤섞여 무질서하게 통행하고 있었다. 하기는 우리나라도 얼마 전까지는 그랬다.

일제의 잔재로 뒤덮인 다롄

14:00, 유 교수가 소개해 준 안내인이 왔다. 그의 명함에는 '다롄 안중근연구회 박용근 회장'으로 새겨져 있었다. 그는 베테랑 안내인으로 다롄과 뤼순 일대의 유적지를 환히 꿰뚫고 있었다. 어찌나 억센 경상도 말씨라 부모 고향을 물었더니 경북 의성이라고 했다.

그날 오후 다롄 일대 답사는 택시를 대절해 타는 것보다는 그때그때 길에 늘어서 있는 택시를 타는 게 더 값이 싸다고 하여 우리는 먼저 지나가는 택시를 잡아타고 다롄항으로 갔다. 거기에는 다롄항 집단, 곧 옛 수상경찰서 건물이 있는데, 그곳은 우당 이회영 선생이 일제 경찰의 고문으로 순국한 곳이다. 늘 머릿속에 남아 있던 역사의 장소를 이번에 밟았다.

다음 답사지는 옛 만철 본사였다. 만철 이사 다나카 세이지로(田中淸次郎)는 이토 히로부미를 수행하다가 하얼빈역에서 왼쪽 다리에 관통상을 입었던 인물이다. 지금도 이곳은 다롄 철도국 사무처로 쓰고 있는데 일본 관광객들이 많이 찾아온다고 했다. 그날도 한 무리 일본인들이 옛 만철 본사 건물을 추억에 어린 눈으로 바라보면서 카메라에 부지런히 담고 있었다. 오늘의 일본인 마음속에는 지난날 자기네들이 지배했던 식민지에 대한 향수가 가득한 듯했다. 다롄은 일본인들이 건설한 도시로 해마다 봄철 아카시아 꽃이 필 때는 일본인 단체 관광객이 줄을 잇는다고 했다. 나도 다롄의 아카시아 꽃 이야기를 어느 책에서 읽은 듯했다.

15:25, 다음 답사는 옛 만철병원으로 지금은 다롄대학 부속 중산병원이었다. 이곳은 이토가 안중근에게 저격당한 뒤 지혈 상태의 응급조치만 받고 다롄으로 온 뒤, 이 병원에서 피 묻은 옷을 벗기고 수의로 갈아입혀 입관한 병원이라고 했다. 일백 년이 지난 건물이지만 어디 하나 흠이 없어 보였다.

정말 일본인은 미워도 그들의 기술과 매사에 정확하고 정성을 다하는 자세만은 우리가 배워야 할 점이다. 그래서 우리가 그들을 뛰어넘어야 한다. 용정에서도, 하얼빈에서도, 창춘에서도, 아니 서울역, 한강인도교에서도 그들이 남긴 건축물이 일백 년이 지나도 흠 하나 없는 것을 보고도 우리가 '왜놈'이라고 깔보거나 외면한다면 우리는 결코 일본을 이길 수 없을 것이다.

다음은 일본조선은행 다롄 지점을 갔는데 서울 소공동의 한국은행 본점을 보는 듯했다. 이어서 야마토(大和) 호텔과 그 밖에 일본인들이 지은 건물들을 보고는 러시아 거리로 갔다. 그곳은 온통 러시아풍 건물과 상점들로 거대한 중국 대륙이 마치 하이에나에게 뜯긴 누처럼 강대국에게 유린된 자국들이 아직도 뚜렷했다.

이어 일본 관동주청으로 갔는데 지금은 다롄 인민정부 청사로 쓰고 있었다. 지난날 욱일승천하던 일장기 대신 지금은 붉은 오성홍기가 휘날렸다. 안내책자에는 다음과 같이 소개하고 있다.

일본은 1905년 다롄을 다시 점령하여 관동주를 설치하고, 관동도독부(후에 관동청, 관동주청으로 변경), 관동군, 만철을 세워 식민통치를 위한 3대 기구로 삼았으며, 다롄을 일본의 중국 침략 교두보와 거점으로 삼았다.

다롄 거리에는 아직도 일제강점기 때 운행하던 전차가 그대로 시내를 질주했다. 1960년대 말까지 서울 시내에 운행되던 전차와 똑같았다. 다롄 시내가 한눈에 들어온다는 노동공원에서 시가지를 조망했다. 박씨는 다롄을 다음과 같이 소개했다.

지금은 다롄 인민정부 청사로, 옛 일본 관동주청 건물이다.

"다롄은 요동반도 최남단에 위치한 원래는 자그마한 어촌이었는데, 그 규모가 확장된 것은 19세기 말 러시아가 이곳을 조차(租借)하여 항만시설을 건설한 뒤부터였습니다. 그 뒤 러일전쟁에서 일본이 승리함에 따라 그 이권이 일본에 승계되었습니다. 이 도시를 여러 나라가 눈독을 들인 것은 겨울에도 얼지 않는 부동항이기 때문입니다."

날이 저물어 제8일 답사를 거기서 마무리했다. 박용근 씨는 당신 집이 뤼순 부근이라며 시간 단축을 위해 다음 날 아침 8시까지 택시기사를 내 숙소까지 보내기로 했다.

1909년 10월 26일 오전 11시 15분 러시아 군악대의 장송곡 속에 하얼빈을 떠난 이토 히로부미의 영구(靈柩, 시신을 담은 관)는 10월 27일 밤 다롄으로 이송되었다. 10월 28일 오전 이토 히로부미의 영구는 본국에서 급파된 군함 '아키쓰시마(秋津州)'에 실렸다. 이 군함은 이토 히로부미의 영구를 싣고 다롄항을 출항하여 간몬해협을 경유하여, 10월 31일 밤 요코스카(横須賀)항에 입항했다. 11월 1일 오전 11시 요코스카 진수부(鎭

지금은 대련항집단으로 옛 수상경찰서다.
이곳에서 우당 이회영 선생이 순국했다.

守府, 해군) 군악대가 장송곡을 연주하는 가운데 히토 히로부미를 실은 6량의 특별열차는 신바시역(新橋驛)으로 행했다. 다음 날 오후 1시 이토 히로부미의 영구를 실은 특별열차는 기적 소리도 없이 신바시역에 조용히 도착했다.

1909년 11월 4일 도쿄 시 히비야 공원에서 비가 내리는 가운데 이토 히로부미 추밀원장의 국장 장례식이 40만 도쿄 시민이 참석한 가운데 엄숙히 치러졌다. 그의 유해는 오모리온시칸(大森恩賜館)에 가까운 오이무라(大井村)에 안장됐다. 그의 마지막 장의 행렬은 "대단히 화려했다"고 일본의 언론들은 대서특필했다.[42]

하카다항에서 당한 굴욕

제9일 2009년 11월 3일

14층 고층 객실에서 잠을 자서 그런지 자주 깼다. 더구나 호텔 언저리는 온통 불야성이었다. 나는 고소공포증이 있어 밖을 내려다보니 현기증이 났다. 다롄에는 내가 묵고 있는 숙소보다 더 높은 건물도 꽤 많았다. 지금 세계는 여러 나라들이 높이뛰기 선수들처럼 고층건물 짓기 경쟁을 벌이고 있다. 이러다가 정전이나 단수가 된다면 여기가 바로 지옥이 아니겠는가. 몇 차례 자고 깨기를 반복한 뒤 6시 30분에 일어났다. 세면을 한 뒤 짐을 꾸리고는 아침 산책을 나갔다.

내 체험에 따르면 도시, 특히 항구의 아침은 매우 바쁘게 돌아갔다. 다롄도 예외가 아니었다. 몇 곳 밥집을 기웃거려도 문을 열지 않았다. 하는 수 없이 역 앞 만두집에서 요기를 한 뒤 숙소로 돌아와 체크아웃을 하는데 택시기사가 왔다. 내 짐을 트렁크에 싣고서 뤼순으로 달렸다.

그는 박용근 씨에게 전화로 나를 태워 간다고 말하고는 나에게까지 바꿔주었다. 날씨가 좋다는 아침인사를 나눴다. 택시는 분명 전용으로 나를 태웠는데도 나에게 묻지도 않고 일방적으로 다른 손님을 합승시켰다. 다롄에서 뤼순으로 가는 외곽 택시 정류장에서 막 택시에 타려고 하는 손님 앞에다가 차를 세워 가로채서 태우고는 잽싸게 달렸다. 뒤 택시기사가 문을 열고 나와 사라지는 우리 택시를 향해 팔뚝을 치켜들고 항의를 하는데도 기사도 손님도 재미있다는 듯 깔깔거렸다. 아마 합승을 하면 요금이 싼 모양이었다. 하기는 지난날 우리나라도 이런 풍경이 예외가 아니었다.

택시는 100킬로미터 이상 고속으로 달리는데 신호를 거의 지키지 않았다. 뤼순까지 가면서 세어 보았더니 그날 아침에만 세 곳에서 차가 부서져 있었다. 중국은 아직도 혼란과 무질서가 판을 치고 있었다. 이런 대충대충 사는 생활습관이 대륙의 기질에서 나온 것인지는 몰라도 일본에 견주면 중국과 한국이 매우 심한 편이다. 나는 그동안 중국과 일본을 네 차례 기행을 했는데, 왜 한국과 중국이 지난 세기 일본에게 치욕을 당했는지 그 원인을 여러 곳에서 찾아볼 수 있었다.

2008년 3월 30일, 규슈 일대의 전적지를 둘러보고자 하카다항에서 입국 수속을 하는데, 일본 관리는 내 여권을 한동안 뚫어지게 바라보고서는 통과시키지 않고 조사실로 데려간 뒤 잠시 기다리라고 했다. 그때 나는 한 대학의 일본학과 재학생 및 졸업생과 단체로 '역사기행'을 갔는데 그들에게 미안하고 여간 창피하지 않았다. 입국자를 다 내보낸 뒤에야 일본 관리가 조사실로 와 통역과 전화로 연결하여 녹음하게 하고는 먼저 내 짐을 샅샅이 뒤지면서 마약이나 총이나 칼 같은 무기류를 운반한 전력이 있느냐고 물었다.

이날까지 파출소 한 번 가보지 않고 살아왔던 나로서 "이게 무슨 짓이냐? 당신네 나라를 이미 세 번이나 다녀갔고, 미국 중국 등 여러 나라를 숱하게 여행하지 않았느냐"고 거칠게 항의하자 그는 확대경을 가지고 오더니 내 여권의 이름을 뚫어지게 보고는 나에게도 보여주면서 물었다.

"여권에 이름을 고친 적이 있습니까?"

"그런 적이 없소."

"여기를 보십시오. 분명히 이름을 지우고 다시 쓴 자국이 있습니다."

그가 건넨 확대경으로 여권을 보니까 얘기한 대로 영문 내 이름 'DO'의 D자를 칼로 긁고는 그 위에 타이핑을 한 것으로 드러났다. 나는 순간 이것은 한국 외교부 여권 발급자의 고의적인 실수라는 게 머릿속을 스쳐갔다. 사실 나도 32년 8개월을 학교에 있으면서 학생 생활기록부나 성적 전표를 기록할 때, 여러 번 틀린 글자는 칼로 지우거나 페인팅하지 말고 두 줄을 긋고 정정 확인 도장을 찍고 정식으로 정정 절차를 밟으라고 귀에 아프도록 들었고, 또 나 자신도 여러 선생님들에게 짜증나게 한 말이 아니었던가. 그때 그런 말을 심하게 하는 사람을 '쩨쩨'라는 별명을 붙여 놀렸다. 그래저래 한 시간이 지났다. 무엇보다 같이 온 이들이 출발치 못하고 밖에서 기다리는 게 미안했다. 나는 일본 관리의 요구대로 사실 경위서를 쓰지 않을 수 없었다. 아마도 한국 외교부 여권 발급자의 고의적 실수 같다고 쓰자 일본 관리는 씩 웃으면서 내 여권에 입국 허가 도장을 '꽝' 찍어 주었다. 일본의 역사현장인 몽고 침입, 임진왜란 출발지점 등을 둘러보는 3박 4일 동안 내내 일본 관리의 씩 웃는 모습이 머릿속을 떠나지 않았다.

그 웃음 속에는 '너희 조센징들, 아직도 멀었어!' 라고 비웃는 듯한 감정이 담겨 있어 보였다. 귀국 후에도 하카다항에서 당한 모욕의 분노는 사그라지지 않았을뿐더러 우리 공무원들에게 이 사실을 알려야겠다고 마음을 단단히 먹고 일부러 시간을 내어 내 여권을 발급해 준 서울 종로구청 4층으로 갔다. 창구 직원에게 얘기해 봤자 오히려 행패 부린다고 봉변을 당할 것 같아 맨 뒷자리 회전의자에 앉은 책임자에게 가서 전후 사정을 얘기했다.

"그럴 리가 없습니다."

그는 딱 잘랐다.

"그럼, 내가 일부러 여기 와서 괜히 따진다고 생각합니까? 여기서 사실대로 말해 주지 않는다면 길 건너 외교통상부로 가겠습니다."

그는 그제야 창구 직원을 불렀다. 남녀 두 직원은 내 말의 자초지종을 들은 뒤 잠시 눈을 감다가 뜨고는 솔직히 시인했다.

"아마 그때 직원이 거기까지 타이핑한 게 아까워 칼로 긁고 그 위에다 타이펑한 것으로 보입니다."

그제야 책임자는 나에게 사과를 하면서 내가 여권을 발급받은 1999년 7월에는 수작업을 했지만, 지금은 모두 전자로 입력하여 조폐공사에서 일괄 발급하므로 앞으로는 절대 그런 일이 없을 거라며, 사진 1매를 주면 남은 기간은 무료로 발급해 주겠다고 했다.

나는 씁쓸히 여권발급소를 나왔다. 사실 나는 더 이상 그들에게 따지거나 비난할 수 없었다. 나도 그런 문화에서 살았기 때문이다.

뤼순 일본 관동지방법원

9:20, 박용근 씨의 안내로 현재 뤼순구 인민의원(병원)으로 쓰이고 있는 옛 일본 관동지방법원을 찾아갔다. 늘 사진이나 화면으로 보던 역사 현장을 실제 보는 감동이란. 박용근 씨는 그곳 관리인들과 친분이 매우 두터운 듯, 내 짐까지 사무실에 보관시킨 뒤 뤼순을 떠날 때 찾아가자고 했다. 출국 전에 들은 바는 뤼순에서 법원과 감옥소를 관람하기가 여간 까다롭지 않을뿐더러 뒷돈이 든다고 하였는데, 2005년부터는 중국 당국이 방침을 바꿔 오히려 관람객을 유치한다고 하여 나의 염려는 한낱 기우였다.

마침내 법원청사로 들어갔다. 어귀에는 여러 글들이 새겨져 있는데 그 가운데 '屠刀下的天平(도도하적천평)' 이란 말을 안내인 박용근 씨는 "짐승을 잡는 칼날 아래 저울질을 하다"라고 풀이를 했다. 곧 "칼로 법을 마음대로 유린했다"는 말이었다. 일제강점기 때의 재판을 단적으로 말해 주고 있었다. 안중근 재판 당시의 마나베 주조(眞鍋十藏) 지방법원 재판장, 히라이시(平石氏人) 고등법원 재판장, 미조부치 타카오(溝淵孝雄) 검찰관 등 일본 재판 관계자들의 사진과 1905년 9월 5일 포츠머스 러일강화회의 장면 등이 걸려 있었다. 포츠머스 조약 결과 다롄 일대도 다시 일본에게 넘어갔다는 의미 있는 사진이기에 게시해 놓은 듯하다. 하기는 우리나라도 그 회담 결과 사실상 일본에게 나라를 빼앗긴 것이나 다름이 없었다.

마침내 지방법원 법정으로 들어섰다. 1910년 그날의 모습을 그대로 보여

裁判長

判官

書記員

護士

뤼순 일본 관동지방법원 법정 내부

뤼순 일본 관동지방법원 옛 청사.

주고 있었다. 맨 앞 열 가운데에는 '재판장' 그리고 좌우에는 '판관' 아래 열에는 '피고' 다음 열에는 '통역관' '서기' 다음 열이 '원고' '공소인' '변호사' 자리라는 팻말이 놓여 있었다. 마침 법정에는 아무도 없기에 나는 피고석에 앉아 보았다.

1910년 2월 14일 오전 10시, 관동도독부 지방법원 형사법정에서는 안중근 사건에 대한 제6회 언도 공판이 있었다. 이날 마나베 주조 재판장이 판결을 언도했다.

"피고인 안중근을 사형에 처한다. 피고인 우덕순을 징역 3년에 처한다. 피고인 유동하, 조도선을 징역 1년 6월에 처한다."

이날의 안 의사 모습을 『대한매일신보』는 다음과 같이 전하고 있다.

"피고석에 앉은 안중근은 조금도 동요치 않고 빙그레 웃으며 "이보다 극심한 형은 없느냐!"고 재판장에게 더 극형을 요구하였다."[43]

법정 벽에는 관람객을 위해 안중근 의사의 여러 사진과 안 의사가 폭로한 이토 히로부미의 죄상 15개항 등을 한문과 우리말로 액자에 담아 걸어 두었다. 옆 전시실에는 안중근 의사 등이 감옥에서 재판정으로 오갈 때 탄 마차 수레와 '통모(筒帽, 용수)'가 전시되었고, 이어 법원장실, 검찰관장실 등이 있었다. 다음 방부터는 각종 고문기구들이 전시돼 있는데 '쇄신구(碎身具, 시체의 흔적을 없앨 때 쓰는 기구로 맷돌처럼 만들었음)' '포화로(抱火爐, 손과 발을 도로래에 달아 쇠사슬에 묶어 난로에 몸을 붙여서 타 죽게 함)' '삭피구(剝皮具, 사람의 살갗을 벗기는 고문기구)' '갑각(匣脚, 인체를 고정시키고 발가락에 바늘을 박는 고문기구)' '조대괘(弔大掛, 동시에 두 사람을 매다는 고문기구로 허리나 뼈가 탈골케 하거나 골절되게 하는 고문기구)' 따위의 숱한 고문기구들을 진열해 놓았다.

사실 나는 이번 답사를 계획하면서, 그리고 간밤까지만 해도 이제 나라를 빼앗긴 지 일백 년이 지났는데, 우리가 먼저 일본을 용서하고 새 출발해야 한다는 생각을 가지고 그런 자세로 보고 글을 쓰려고 했다. 그런데 이들 고문기구를 보니까 '사람의 탈을 쓴 이들이 이토록 잔인한 짓을 할 수 있을까' 하는 생각과 함께 일본이 진정으로 참회하고 다시는 그런 짓을 하지 않겠다고 싹싹 빌지 않는 한, 용서해서는 안 된다는 생각으로 바뀌었다.

한 시간 남짓 숨을 죽이며 법원 안팎을 둘러본 뒤 그곳 책임 관리자들과 기념촬영을 하고는 택시를 타고 뤼순 감옥으로 갔다.

뤼순 감옥

10:30, 뤼순 감옥은 뤼순 법원과 매우 가까운 거리에 있었다. 안중근은 1909년 11월 3일부터 1910년 3월 26일까지 145일간 이 감옥에 수감되어 우리에게 알려진 곳이다. 거기다가 안중근 의사의 숱한 유묵이 '庚戌二月(또는 三月) 旅順獄中 大韓國人 安重根'이라는 글을 쓴 때와 장소를 남겼기에 우리의 눈과 귀에 매우 익은 장소이기도 하다.

청일전쟁에서 일본이 승리한 뒤 시모노세키 조약으로 청나라에서 빼앗은 요동반도를 러시아가 일본 세력을 밀어내고 이곳 뤼순에다가 1902년부터 감옥을 짓기 시작했다. 하지만 완공을 보지 못하고 1905년 러일전쟁으로 패전한 뒤 일본이 1907년에 완공하여 관동도독부 감옥으로 문을 열었다. 감옥 벽을 보면 러시아가 짓던 부분은 갈색 벽돌이고, 일본이 증축한 부분은 붉은 벽돌이라 두 나라가 지은 흔적이 뚜렷했다. 뤼순항이 굽어보이는 뤼순 시가지 뒤쪽 산 아래 지어진 이 감옥은 대지 22만 평방미터에 건평 1만 1천여 평방미터로 동북지방 감옥 가운데 가장 크다고 한다. 감옥 중앙에 선 간수가 한눈에 감방을 모두 감시할 수 있도록 방사형으로 지었다는데 지금도 그 구조 원형 그대로 있었다. 이는 적은 인원으로 죄수를 감시하는 형태요, 죄수들은 늘 간수가 바라보고 있다는 이중의 효과를 노린 설계라고 했다.

피의자가 일단 이 감방에 들어오면 먼저 검신실(檢身室)을 거치는데 일반 잡범은 푸른 옷, 사상범은 붉은색 수의를 입혔다고 한다. 지금도 감방 안에

뤼순 감옥 옛 청사.

는 그 무렵에 죄수들이 쓰던 식수통 변기들이 그대로 있었고, 죄수들의 밥
그릇도 진열되어 있었다. 죄수들은 감방 규칙에 따라 매끼 7등급으로 배식
을 받았다는데 7급 밥그릇이 가장 적고 1급 밥그릇이 가장 컸다. 감옥 안에
서도 밥그릇이 같지 않았으니 밥그릇을 사이에 둔 죄수들의 갈등이 얼마나
심했겠는가. 나 자신 군사교육을 받을 때 똑같은 식기에 배식을 받고도 남
의 식기 밥이 더 많아 보여 부러워한 적도 있었는데, 한 감방 속에서 밥그릇
이 다른 식기로 배식 받은 죄수들의 갈등은 우리는 도저히 상상치 못할 것이
다.

　감옥 내부를 관람하는 가운데 마침내 '조선애국지사 안중근을 구금했던
방'이라는 안내판 옆에는 안중근 의사의 감방이 있었다. 쇠창살 틈으로 들
여다본 안 의사의 감방은 특별실로 왼편에는 딱딱한 나무 침대 위에 담요가

안중근 의사가 수감돼 있던 특별감방. 책상에는 지필묵이 놓여 있다.

깔려 있고 오른편 책상에는 의자와 함께 안 의사가 쓰던 필기도구가 가지런히 놓여 있었다. 마치 글씨를 쓰다가 잠시 머리를 식히고자 나들이 간 듯 감방 주인은 곧 돌아올 듯이 보였다. 안중근은 이 감방에서 자서전인 「안응칠역사」를 탈고했고, 유묵 이백여 점을 남겼으며, 「동양평화론」은 일제의 약속 위반으로 끝내 탈고치 못한 채 순국한 곳이다. 안 의사의 옆방이 간수부장 방으로, 안 의사는 수감 내내 특별 감호대상자였다.

몇 발자국 떼지 않자 단재 신채호 선생의 감방도 있었다. 감옥 여기저기에도 고문기구와 일제 때, 간수들이 중국 해방 후에 쓴 참회록 따위가 도배를 하다시피 걸려 있고, 죄수 가운데 항일혁명가들이 피를 토하듯 쓴 시들이 세월을 초월하여 전시되고 있었다. 대체로 공산혁명의 성공을 기리는 내용이 많았다.

감옥 한 모퉁이에는 '교형장(絞刑場, 사형 집행장)'이 있었는데, 이곳은 나중에 만들어진 교형장으로 안 의사가 순국한 교형장은 별도로 고증해서 딴 장소에 복원했다고 박용근 씨가 설명해서 긴장감이 덜했다. 교수형에 처형된 죄수는 80센티미터 정도 높이의 나무통에 시신을 구겨 넣다시피 눌러 넣고는 뒷산 죄수묘지에다가 매장한 모양으로, 그 모든 것을 죄수들이 사역하고 간수들은 총칼을 들고 감시하는 모형이 전시되고 있었다.

다음 전시장은 일제강점기 뤼순 다롄 지구 물증을 진열하는 장소로 어귀에는 '전사불망 후사지사(前事不忘後事之師, 지난 일을 잊지 말고 후세에 교훈으로 삼자)'라는 중국 역사 현장에서 자주 볼 수 있는 글귀가 새겨진 곳에 각종 무기와 그 당시 세웠던 주로 일제 관리들의 공덕비가 쇠망치를 맞고는 부서진 채 널브러져 있었다. 새삼 비석은 함부로 만드는 게 아니라는 것을 일깨워 주었다. 이어 뤼순에서 순국한 국제전사 특별전시장은 2009년 안중근 의사 의거 100주년을 맞아 개관했다고 하는데, 안중근 의사, 단재 신채호 선생, 우당 이회영 선생의 흉상과 유품, 그리고 최흥식, 유상근의 흉상도 진열돼 있었고, 주은래를 비롯한 한중 저명인사들의 안 의사 추모 글도 액자에 담겨 있었다.

"중일갑오전쟁(청일전쟁) 후 중조(中朝) 인민의 일본 제국주의 침략을 반대하는 투쟁은 본 세기 초, 안중근이 하얼빈에서 이토 히로부미를 사살하는 것으로부터 시작되었다." – 주은래

넷째마당 뤼순 앞바다를 물들인 장엄한 낙조 237

뤼순 감옥 건물로, 갈색 벽돌 부분은 러시아가 지은 것이고
붉은색 벽돌 부분은 일본이 지었다고 한다.

마지막 발길이 멈춘 곳은 안중근 추모의 방으로, 흉상 앞에는 하얼빈 의거 100주기를 맞아 대한민국 김양 보훈처장을 비롯한 광복회장 등 여러 곳에서 보낸 꽃들이 쌓였다. 다른 쪽 벽에는 안중근 의사가 옥중에서 쓴 유묵(복사본)들이 여러 점 전시되어 있었는데, 나는 그 가운데 유독 '極樂(극락)'이라는 작품에 감동을 받았다. 글씨를 쓴 때가 경술 3월인 것으로 미루어 1910년 3월 순국 직전에 남긴 작품으로, 일제는 당신을 감옥에 가두었지만 당신은 '극락'에 있다는 깊은 뜻이 담겼을 것이다. 나는 그 유묵 앞에서 잠시 묵상했다. 마침내 다다른 교형장 앞에 서서 나는 깊이 고개를 숙였다. 그리고 마음 속으로 은사 조지훈 선생의 시 한 수를 떠올렸다.

쏜 것은 권총이었지만
그 권총의 방아쇠를 잡아당긴 것은
당신의 손가락이었지만

원수의 가슴을 꿰뚫은 것은
성낸 민족의 불길이었네
온 세계를 뒤흔든 그 총소리는
노한 하늘의 벼락이었네.
─ 조지훈 〈安重根 義士讚〉 1-2연

한쪽 벽에는 '1910년 3월 26일 오전 10시, 안중근이 순국한 곳'이라는 설명과 함께 고향에서 어머니가 지어 보내온 하얀 명주 한복을 입고서 형리에 이끌려 당당하게 형장으로 가는 이승에서의 마지막 모습이 내 마음을 울렸다. 나는 마음속으로 부르짖었다.

"안중근 의사 만세!"

"대한독립만세!"

안중근은 사형 집행 전에 유언을 남겼다.

내가 죽은 뒤에 내 뼈를 하얼빈공원 곁에 묻어 두었다가 우리나라 국권이 회복되거든 고국으로 반장(返葬;고향으로 옮겨 장사지냄)해 다오. 나는 천국에 가서도 또한 마땅히 우리나라의 회복을 위해 힘쓸 것이다. 너희들은 돌아가서 동포들에게 각각 모두 나라의 책임을 지고 백성이 된 의무를 다하여 공을 세우고 업을 이루도록 일러다오. 대한 독립의 소리가 천국에서 들려오면 나는 마땅히 춤추며 만세를 부를 것이다.

하지만 안중근 의사의 유해는 여태 찾지 못해 고국으로 반장하지 못하고 있다. 그동안 각계에서 여러 차례 안 의사의 유해를 모셔 오기 위해 유해발굴단을 현지에 보내 찾았으나 끝내 찾지 못했다. 2008년 대한민국 정부의 주선으로 박선주 충북대박물관장을 단장으로 '안중근 의사 유해발굴단'을 편성하여 두 차례에 걸쳐 현지에서 발굴 작업을 대대적으로 펼쳤으나 끝내 뜻을 이루지 못했다.

뤼순 감옥에 복원한 옛 교형장 벽에 걸어 놓은 합성사진이다.
안중근 의사가 간수들의 호송을 받으며 교수대로 가고 있다.

뤼순 감옥 묘지

나는 뤼순 감옥을 나온 뒤 박용근 씨에게 뤼순 감옥 묘지로 가자고 부탁드렸다. 묘지로 찾아가는 길 옆에는 온통 고층 아파트가 들어서고 있었다. "10년이면 강산이 변한다"고 하는데 그새 일백 년이 지났으니 어찌 변치 않겠는가. 옹졸한 일제가 어찌 안중근의 무덤을 제대로 남겼겠는가. 설사 남겼더라도 일백 년이 지난 지금까지 유해로 남아 있을 가능성은 거의 희박하다. 하지만 뤼순 감옥 묘지 흙에는 안중근 의사의 육신과 넋이 그대로 녹아 묻혀 있을 것이다.

나는 이 흙이나마 한 줌 담아다가 백범 선생이 효창원에다가 가묘를 한 안중근 의사 묘지에다가 덮어 주고 싶었다. 박씨는 뚜벅뚜벅 앞장 서 가다가 한 돌비석 앞에 섰다. 흰 비석에 '뤼순감옥구지묘지(旅順監獄舊址墓地)'라는 글귀가 새겨 있었다. 나는 그 자리에서 꿇어 절을 두 번 드린 뒤 흙을 한 줌 담아 주머니에 넣고는 하산했다. 지금도 그 언저리는 한창 개발 중으로 머지않아 이나마 남아 있는 뤼순 감옥 묘지까지도 사라질 것 같았다.

12:10, 뤼순역으로 갔다. 이곳은 1909년 11월 1일 안중근이 하얼빈 일본총영사관 지하실을 떠나 열차를 타고 이틀에 걸쳐 11월 3일에 닿은 종착역이었다. 역사는 러시아풍 건물로, 벽면에 1900년 러시아 강점기에 지었다는 현판이 붙어 있었다. 이곳 역도 자동차에 밀려 한적하기 그지없었다.

오전 마지막 답사지로 그곳에서 멀지 않은 관동도독부로 갔다. 그곳도 일

뤼순 감옥 뒷산에 있는 뤼순 감옥 옛 묘지.

장기 대신 오성홍기가 펄럭이고 있었다.

박씨가 점심은 뭘 먹겠느냐고 묻기에 된장찌개가 좋겠다고 했더니 뤼순 항 바닷가 한 동포 한식집으로 안내했다. 지구촌 곳곳에 우리 동포가 없는 곳이 드물 정도로 퍼져 있었다. 이국땅에서도 강인하게 살아가는 동포들 모습이 꼭 민들레와 같다. 내가 한국에서 왔다고 하니까 진해가 고향이라는 주인이 반겨 맞으며 된장찌개를 푸짐하게 끓여 왔다. 오랜만에 한식을 맛있게 먹었다.

이승에서 안중근 의사의 마지막 종착지였던 뤼순역.

　안중근 의사의 해외유적지 답사는 뤼순 감옥 묘지터 답사로 사실상 끝났
지만 기왕에 어렵게 뤼순까지 왔기에 뤼순항을 보고 러일전쟁 전적지인 203
고지를 오르고 싶었다. 박용근 씨는 203고지에 가봐야 힘만 든다면서 백옥
산에 오르면 뤼순항을 다 볼 수 있다고 나의 여독을 생각하는 듯 꺼려 했다.
나는 보병 장교 출신으로 아직도 203고지 정도는 거뜬히 오를 수 있다고 했
더니, 자기도 해병대 출신이라면서 그제서야 택시 한 대를 잡아 타고 203전
적지로 출발했다.

203고지

박씨는 대기하는 택시기사를 핑계 삼아 중턱 정류장에서 지형 설명으로 써 끝내려는 눈치라 택시에 내리자마자 안내판을 보고 내가 앞장서서 203고 지로 올랐다. 일본군의 러일전쟁 대승첩지인 때문인지 그날도 일본인 단체 관광객들이 두 그룹이나 보였다. 20여 분 헐떡이며 오르자 마침내 이령산(爾 靈山) 정상의 위령탑과 러시아군 포진지, 일본군 280밀리 유탄포 전시장, 관 망대가 나왔다.

이령산 정상에서 보는 뤼순항은 마치 우리나라 남해 다도해처럼 잔잔한 바다에 여러 개의 섬들과 방파제로 이루어진 천혜의 군항이었다. 그런 탓인 지 이 군항은 청나라가 1882년 현대적 군항으로 개발하여 1890년에 개항했 다가 청일전쟁 후 일본에게 빼앗겼다. 그 뒤 러시아가 일본을 밀어내고 차 지했다가 1905년 러일전쟁 후 일본이 다시 빼앗아 40여 년간 일본 군항으 로 사용했다. 일본이 태평양전쟁에 패전한 뒤에 다시 러시아가 차지했다가 1955년 중국에게 돌려주었다. 뤼순항은 아담하고 아름다운 항구로, 보기와 는 달리 팔자가 아주 드센 군항이었다.

우리나라 갑오 동학농민전쟁이 빌미가 되어 치러진 갑오전쟁(청일전쟁) 에서 청나라 이홍장의 북양함대가 황해 바다에서 무참히 수장되어, 마침내 거대 청국이 작은 일본에 무릎을 꿇었다. 땅덩어리가 수십 배나 큰 중국이 일본에 손을 들자 단박에 '종이호랑이'로 전락하고 마는, 세계 열국의 먹잇

감이 된 근본 원인은 청나라 서태후의 부정부패 때문이었다고 한다.

서태후는 개인 별장인 이화원을 짓고자 군사비를 제 마음대로 빼돌리고 군함을 만들었다니 그 군함을 제대로 만들었겠는가. 황해해전에서 일본 군함과 맞서 함포사격을 하는데, 일본 군함은 철판이 두꺼워 중국 포탄에 끄떡도 없고, 청나라 군함은 일본 군함이 쏜 포탄에 벌집처럼 철판이 뚫려 가라앉았다니, 일본 국토의 수십 배가 넘는 청나라인들 어찌 손을 들지 않을 수 있으랴. 한 여인의 부정부패와 비리가 나라를 망친 역사의 교훈이다.

나는 2003년 1차 일본 역사기행 마지막 날 일본 혼슈 시모노세키 '일청강화기념관'에서 청나라 강화 대표 이홍장과 이경방이, 일본 측 강화 대표 이토 히로부미 전권변리대신과 무츠 무네미츠(陸奧宗光) 외상 앞에 고양이 앞의 쥐처럼 부들부들 떨면서 비굴하게 굽실거리며 서명하는 장면을 밀납해 놓은 것을 보고는 그것을 우리나라 정치 지도자에게 보이고 싶었다. 부정부패의 결과가 어떤 것인지를 단적으로 보여주지 않는가. 그래도 그들은 목숨은 연명했지만 부하 군인들과 일반 백성들은 총칼 아래 죽어가고 능욕당하며 노예생활을 하지 않았는가. 사실 정치 지도자의 부정부패는 나라를 망친 가장 큰 범죄 행위로 마땅히 처벌했어야 함에도 우리나라에서는 유야무야 구렁이 담 넘어가듯이 지나가 버리니 부정부패의 깊은 뿌리가 뽑히지 않고 있다.

군사전문가들은 우리나라와 만주라는 땅덩어리를 차지하고자 벌어진 1904년의 러일전쟁 승패도 일반 예상과는 달리 일본이 승리할 수 있었던 원동력은 러시아의 난공불락 요새인 뤼순 203고지를 그들 손아귀에 넣었기 때문이라고 말한다. 노기 마레스케(乃木希典)가 이끄는 일본 해군이 하루에 8천 명의 사상자를 내며, 일본군 13만 명 가운데 총 6만 명의 사상자를 내는 문자 그대로 시산시해(屍山屍海, 시체로 산을 이루고 바다를 이룸)를 이룬 혈전을 치루고 마침내 203고지 전투에서 승리할 수 있었던 원동력은 280밀

203고지 정상에 있는 이령산 탑으로, 철제 탑신은 러일전쟁 당시의
포탄 탄피를 녹여서 만들었다고 한다.

리 유탄포의 정확도라고 한다. 쓰시마 해전에서 러시아의 발트 함대를 궤멸시킨 것도 일본 해군의 정교한 함포 사격술이라고 하는데, 치열한 경쟁 속에서 남을 제압하려면 매사에 '정확'치 않고서는 이룰 수 없을 듯하다.

203고지에서 내려다보니 뤼순항 들머리는 좁고 항만은 마치 복어 배처럼 볼록했다. 박용근 씨는 지형 설명에서 러일전쟁 당시 일본 해군이 뤼순항 들머리 좁은 물길에다가 자기네 군함을 격침시켜 러시아 배들이 항구 밖으로 나오지 못하게 만들어 놓고 침공했다는데, 그 말을 들으니까 정주영 현대그룹 회장이 서산 간척지 방제공사 마무리 공사 때 폐유조선을 가져다가 물막이 공사를 성공시킨 것은 아마도 일본 해군의 뤼순항 봉쇄작전에서 힌트를 얻지 않았을까? 전쟁도 사업도 머리 회전이 빠르고 지식이 많은 사람이 성공하기 마련이다.

'명기역사 물망국치'

이령산 위령탑의 거대한 탑신은 뤼순전투에서 희생한 전몰장병들을 위로하고자 러일전쟁 후 이 고지에서 수거한 포탄의 탄피를 속여 만들었다고 한다. 203고지 정상에 우뚝 솟은 탑신을 올려다보니까 그들의 전투가 얼마나 처절했는지 가히 짐작이 갔다. 위령탑을 보고 옛 러시아군 참호로 가는 어귀에 '명기역사 물망국치(銘記歷史 勿忘國恥, 역사를 마음에 새겨 기억하여 나라의 치욕을 잊지 말라)'라고 씌어진 팻말이 나타났다.

'명기역사 물망국치' 팻말.

오늘의 중국이 이만큼 국력이 커진 것은 마오쩌둥(毛澤東), 저우언라이(周恩來), 덩샤오핑(鄧小平) 등 중국 역대 지도자들이 지난날의 잘못을 교훈삼아 인민들을 교육하고, 지도자가 스스로 청빈한 생활로 모범을 보이면서 부국강병에 힘쓴 결과일 것이다. 영광된 역사도 치욕의 역사도 다 배우고 기억하면서 현재를 바로 살고 미래를 건설해가야만 역사 발전이 있을 텐데 우리나라는 치욕의 역사를 너무 빨리, 너무 쉽게 지워버리는 듯하다.

일본군의 280밀리 유탄포.

세계 여러 나라의 역사 현장을 둘러보면 치욕의 현장도 흉물스럽게 그대로 보존하면서 국민교육의 장으로 삼고 있었다. 사람들이란 건망증이 심해서 자주 보고 듣고 배우지 않으면 지난날의 시행착오를 쉽게 잊어버린다.

건너편 봉우리로 가자 일식 280밀리 유탄포의 포문(砲門)이 뤼순 앞바다를 향하고 있었다. 일본인 관광객들이 번갈아 가며 그 포구(砲口)를 통해 뤼순 앞바다를 내려다보고 있었다. 그들 가운데는 지팡이를 짚은 팔십대 노인들도 보였는데, 지난날 다롄 일대에서 참전했던 관동군이 아닐까 추측되기도 했다.

일본의 처지에서 본다면 서세동점(西勢東漸, 서양의 열강들이 동양으로 점점 밀려옴)의 격랑 속에 살아남기 위해 부국강병에 전력을 쏟은 나머지 마침내 강대국이 되었다. 그러자 욕심이 달라져 오랜 대륙 진출의 꿈을 실현하고자 청일, 러일전쟁을 일으키고 숱한 젊은이를 제물로 바쳐 일본제국주의의 깃발을 드날렸다. 하지만 태평양전쟁으로 그동안 삼킨 영토를 한꺼번에 다 게워 놓은 일본의 기성세대의 머릿속에는 늘 지난날 자기네가 점령했던 땅에 대한 향수가 도사리고 있을 것이다.

14:00, 다음 발길이 머문 곳은 러시아군 위령탑이었다. 이곳은 러시아군 묘지로 주로 제2차 세계대전 때 전사한 러시아 장병 무덤이었는데, 뒤편에는 러일전쟁 때 전사한 장병의 무덤도 보였다. 거기서 조금 더 가자 백옥산이 나오고, 곧 백옥산탑(白玉山塔)에 이르렀다. 이 탑의 본래 이름은 '표충탑(表忠塔)'으로 러일전쟁 후 일본이 자기네 전몰장병을 위로코자 1907년 6월에 시작하여 1909년 11월에 완공하였다고 하는데, 일본군 납골당으로 일제 패망 전에는 2만여 함의 유골을 보관했다고 한다. 지금은 백옥산이 다롄 10대 풍치지구로 관광객을 끌어들이고 있었다. 거기서 뤼순항을 내려다보니까 오른편은 군항으로 중국 함대들이 부두에 정박하고 있었다. 호수처럼 잔잔한 뤼순 내항과 외항, 그리고 먼 수평선을 바라보면서 카메라 셔터를 원 없이 눌렀다.

답사를 모두 마치자 오후 4시로 출국 시간까지는 다소 여유가 있었다. 이틀간 수고해 준 박용근 씨에게 봉사료를 묻자 1,000위안을 요구하는데 예상보다 적었다. 나는 약간의 가욋돈을 주고는 박씨를 집 앞에 내려 주고 작별인사를 나눈 뒤, 타고 온 택시를 그대로 탄 채 다롄 공항으로 향했다.

18:10, 인천공항을 향하는 중국남방 여객기는 이륙한 뒤 기수를 남동쪽으로 돌렸다. 마침내 아흐레간의 안중근 의사 유적지 답사여행은 막을 내렸다. 묵직한 피로에 눈을 감았다.

백옥산에서 내려다본 뤼순항

안중근 행장 ── 11 검찰 신문

1909년 11월 1일 하얼빈을 출발한 안중근, 우덕순, 조도선, 유동하, 정대호, 김성옥, 김려수, 김형재, 탁공규 등은 일본 헌병 12명의 삼엄한 감시 속에 1909년 11월 3일 아침 뤼순역에 도착했다. 곧장 뤼순 감옥에 수감되었다. 감옥에서 안중근은 특별감시대상 인물로 다른 죄수들과는 달리 후한 대접을 받았다.

이로부터 감옥에 갇힌 뒤로 날마다 차츰 가까이 지내게 되는 중에 전옥(典獄, 교도소장)과 경수계장과 일반관리들이 나를 후대하므로 마음속으로 이것이 참말인가 꿈인가를 의심했다.[44]

안중근은 제2회 신문에 앞서 1909년 11월 6일 「안응칠 소회」를 작성하여 이토의 죄악상 15개 항목과 함께 서면으로 검찰에 제출했다.

하늘이 사람을 내어 세상이 모두 형제가 되었다. 각각 자유를 지켜 삶을 좋아하고 죽음을 싫어하는 것은 누구나 가진 떳떳한 정이라. 오늘날 세상 사람들은 이 시대를 의례히 문명한 시대라 일컫지마는 나는 그렇지 않은 것을 탄식한다.
무릇 문명이란 것은, 동서양의 잘난 사람 못난 사람 남녀노소를 물을 것 없이 각각 천부의 성품을 지키고 도덕을 숭상하여, 서로 다투는 마음이 없이 제 땅에서 편안히 생업을 즐기면서 같이 태평을 누리는 이것을 가히 문명이라 할 수 있다. 그런데 오늘의 시대는 그렇지 못하여 이른바, 상등 사회의 고등인물들은 의논한다는 것이 서로 경쟁하는 것이요, 연구한다는 것이 사람 죽이는 기계다. 그래서 동서양 육대주에 대포 연기와 탄환 빗발이 끊일 날이 없으니, 어찌 개탄할 일이 아니냐.

이제 동양 대세를 말하면 비참한 현상이 더욱 심하여 참으로 기록하기 어렵다. 이른바, 이토 히로부미는 천하대세를 깊이 헤아리지 못하고 함부로 잔혹한 정책을 써서 동양 전체가 장차 멸망을 면치 못하게 되었다.

슬프다. 천하대세를 멀리 걱정하는 청년들이 어찌 팔짱만 끼고 아무런 방책도 없이 앉아서 죽기를 기다리는 것이 옳을까 보냐. 그러므로 나는 생각다 못하여 하얼빈에서 총 한 방으로 만인이 보는 눈앞에서 늙은 도적 이토 히로부미의 죄악을 성토하여 뜻 있는 동양 청년들의 정신을 일깨운 것이다.

1909년 11월 6일 오후 2시 30분 뤼순 옥중에서

대한국인 안중근[45]

안중근은 뤼순 감옥에서 1909년 11월 14일 제2회 신문을 받았다.

피고의 할아버지는 진해라는 곳에서 군수를 지냈는가?

— 그렇다.

피고의 아버지는 태훈(泰勳)이라 하고, 5년 전에 사망하였다고 하
는데 그런가?

— 그렇다.

피고의 아버지는 천주교도였는가?

— 그렇다.

피고의 어머니는 조씨(趙氏)라고 하는가?

— 그렇다.

피고는 두 사람의 아우가 있는데, 정근(定根) 공근(恭根)이라고 하
는데 그런가?

— 그렇다.

정근은 경성(京城, 서울)에서 공부를 하고 있고, 공근은 진남포에
서 교사를 하고 있는가?

— 그것은 잘 모른다.

피고에게는 처가 있고 그는 김홍섭(金鴻燮)이라는 자의 딸인가?

— 그렇다.

피고에게는 두 살 다섯 살 난 자식이 있는가?

— 다섯 살 난 자식은 있어도 나는 삼 년 전에 집을 나왔으니까 두
살 난 아이는 모른다.

피고의 처자는 지금 하얼빈에 있는데, 알고 있는가?

— 모른다.

피고의 신상은 두 아우로부터 판명되고 있으니까 숨김 없이 말하
라.

— 거짓말은 결코 하지 않는다.

하얼빈에서 신문하였을 때 피고는 처자(妻子)가 없다고 말한 것은 거짓말이 아닌가?

— 나는 동양평화를 위하여 삼 년 전부터 진력(盡力, 있는 힘을 다함)하고 있으므로 없다고 말한 것이다. 실제로는 처자가 있다.

……

피고의 아우가 말하는 바에 따르면, 안창호(安昌浩)라는 자와 아는 사이라고 하던대 그런가?

— 그분과는 두세 번 만났을 뿐 친하지는 않다.

그동안 최재형(崔在亨), 최봉준(崔鳳俊), 이상설(李相卨), 이위종(李瑋鍾), 전명운(田明雲), 이춘삼(李春三), 유인석(柳麟錫), 홍범도(洪範圖) 및 차도선(車道善) 등을 만난 일은 없는가?

— 홍범도만 만난 적이 있다.

……

그때 피고는 주머니에서 해군 나이프를 꺼냈는가?

— 그런 일은 없다. 나는 칼을 가지고 있었으나 꺼내지 않았다.

체포되었을 때 이토 공이 죽었다는 소식을 듣고 피고는 신(神)에게 감사한다며 가슴에 성호를 그었는가?

— 그렇다. 그 뒤 나는 대한만세를 불렀다.

이날 제2회 신문에 이어 1909년 11월 15일 제3회 신문이 이어지고 11월 16일 제4회 신문이, 11월 18일 제5회 신문이 이어지다. 이날은 안응칠 우연준(우덕순) 유동하 3인의 대질신문이었다. 다음 날인

11월 19일 안중근의 두 동생 공근, 정근도 뤼순으로 불려와 참고인 신문을 받았다.

이어 11월 26일 제7회 신문, 12월 20일 제8회, 12월 21일 제9회, 12월 22일 제10회, 이듬해인 1910년 1월 26일 11회 마지막 신문이 있었다. 초기의 신문과는 달리 12월 20일 제8회 신문부터 마조부치 검찰관의 태도가 사뭇 달라졌다. 그동안 호의적이고 정중하던 신문 태도가 강압적으로 돌변했다.[46)]

11월쯤 되어서다. 나의 친동생 정근과 공근이 진남포로부터 이곳에 와 반가이 만나 면회했는데, 서로 작별한 지 3년 만에 처음 보는 것이라 생시인지 꿈인지 깨닫지 못했다. 그로부터 항상 4, 5일 만에 혹은 10여 일 만에 차례로 만나 이야기를 나누었다. 한국인 변호사를 청해 올 일과 천주교 신부를 청해다가 성사(聖事)를 받을 일들을 부탁하기도 했다.

그 뒤 하루(12월 20일)는 검찰관이 또 와서 신문하는데 그 말과 행동이 전일과 아주 딴판이어서 혹은 강압적이고 혹은 억설도 하고 또 혹은 능욕하고 모멸도 하였다. 나는 스스로 생각하기를 '검찰관이 이같이 돌변해진 것은 아마 제 본심이 아니요, 어디서 딴 바람이 불어닥친 것일 것이다. 그야말로 도심(道心, 착한 마음)은 희미하고 인심은 위태롭다고 하더니 빈 문자가 아니로구나' 하고 분해서 대답하기를 '일본이 비록 백만 명 군사를 가졌고, 또 천만 문의 대포를 갖추었다 해도 안응칠의 목숨 하나 죽이는 권세밖에 또 무슨 권세가 있을 것이냐. 인생이 세상에 나서 한번 죽으면 그만인데 무슨 걱정이 있을 것이냐. 나는 더 대답할 것이 없으니 마음대로 하라'고 했다.

이때부터 나의 장래 일은 크게 잘못 되어져서 공판도 반드시 잘못 판단될 것이 명확한 일이었다. 더욱이 언권이 금지되어 내가 목적한 바 의견을 진술할 도리가 없었고, 모든 사태는 숨기고 속이는 것이 현저했다.[47]

제8회 신문부터 검찰관의 태도가 돌변한 것은, 당시 관동도독부 지방법원에서는 안중근의 의거 정당성과 재판관할권의 애매한 입장, 그리고 안중근의 돈독한 신앙심 등에 대한 배려로 형량을 무기징역 정도로 고려했으나, 일본 정부 내의 강경파가 서둘러 "극형에 처하라"는 밀명(密命)을 보내옴에 따라 관동도독부 법원의 태도가 갑작스럽게 변했다.

안중근과 같이 연행된 9인 가운데 1909년 12월 24일 김형재, 김려수, 김성옥, 탁공규는 무혐의로 석방되고, 안중근의 처자를 하얼빈까지 데려온 정대호는 다음해 2월 1일 풀려났으며, 안중근 외 우덕순, 조도선, 유동하 3인만 공소 제기되었다.

안 의사의 부인 김아려(마리아)와 차남 준생, 장녀 현생.
안 의사 의거 직후 하얼빈에서.

안중근 행장 — 12 ^{공판}

1910년 1월 중순, 뤼순 지방법원은 안중근에 대한 첫 공판 날짜를 2월 7일로 정하고 장소는 관동도독부 고등법원 제1호 법정으로 결정하였다. 관동도독부 법원의 재판제도는 지방법원에서는 판사가 단독으로 심리 재판하는 2심 제도를 채택하고 있어 이를 보완하기 위해 1심 이전에 예심을 거치도록 돼 있으나 안중근의 경우 중대한 사건임에도 본국 정부의 지령에 따라 곧바로 1심 공판에 부쳐졌다.

1910년 2월 1일, 미조부치 타카오(溝淵好雄) 검찰관은 안중근은 살인, 우덕순과 조도선은 살인예비, 유동하는 살인 방조의 죄명으로 예심을 생략한 채 지방법원에 공판을 청구했고, 지방법원은 속전속결로 이날 재판부를 구성하여 2월 7일 제1차 공판을 개정키로 최종 확인하였다. 재판부는 주임재판장에 관동도독부 지방법원장 마나베 주조(眞鍋十藏), 담당검찰관 미조부치 타카오(溝淵好雄), 관선변호사 미즈노 기치다로(水野吉太郎)와 가마타 세이지(鎌田正治) 등 전원 일본인으로 결정하였다.

이 무렵 블라디보스토크의 대동공보사와 홍콩의 동포들이 안중근 변호를 위해 성금을 모아 러시아인 변호사 콘스탄틴 미하이로프(대동공보 전임사장)와 홍콩 거주 영국인 변호사 제니 더글라스, 그리고 서울 유지들과 안중근 어머니가 보낸 안병찬(安秉瓚) 변호사 등이 변호신고서(변호사 선임계)를 냈으나 관동도독부 지방법원에서는 이를 허가하지 않았다.

1910년 2월 7일, 첫 공판이 열렸다. 안중근을 비롯한 우덕순, 조도선, 유동하 피고인은 뤼순 감옥에서 마차를 타고 일본 헌병들의 삼엄한 경계를 받으며 관동도독부 법원청사에 도착했다. 피고인들은 9시 고등법원 제1호 법정에 입장한 뒤 포박에서 풀려나 피고인석에 앉았다. 이날의 재판을 보고자 이른 아침부터 500여 방청객이 몰려들었으나 재판소 측은 300명으로 제한했다. 이날 방청객은 러시아인 3명, 한국인 3명(안중근의 두 동생 정근, 공근과 안병찬 변호사), 더글라스 변호사만 외국인이고 나머지는 모두 일본인이었으며, 많은 신문기자들이 세기의 재판을 지켜보았다.

1910년 2월 7일 제1회 공판 시말서

피고 안중근(安重根) 우덕순(禹德淳) 유동하(劉東夏)

위 살인피고사건에 대해 메이지 43년(1910년) 2월 7일 오전 9시 관동도독부 지방법원 형사법정에서 판관 마나베 주조(眞鍋十藏) 출석, 검찰관 미조부치 타카오(溝淵好雄) 서기 와타나베(渡邊良一) 입회, 통역 촉탁 소노키 스에요시(園木末嬉) 통역으로 심판을 공개한다. 피고인은 모두 신체의 구속을 받지 않고 출정하고 변호인 미즈노 기치다로(水野吉太郎) 동 가마타 세이지(鎌田正治)가 출두하였다.

제1회 공판 문답 초(抄)

피고는 안중근(安重根)이라 칭하는 자라는데 일찍이 안응칠(安應七)이라고 칭한 일이 있는가?

— 본국에서는 안중근이라고 부르고 있었지만 블라디보스토크 부근으로 온 삼 년 전부터는 안응칠이라 불러 왔으며, 근래에는 오로지 안응칠이라고 불리고 있다.

......

피고는 지금까지 어느 정도의 교육을 받았는가?

— 나는 해주에 있을 때와 신천으로 이사하고부터도 집에 사립학교를 설치하고 한문의 『천자문』과 『조선역사』 그리고 『맹자』와 『통감』 등을 공부하였다.

외국어는 배우지 않았는가?

— 나의 가족은 천주교를 믿으므로 신천에서 천주교의 선교사 프랑스인 홍 신부로부터 불어를 수개월간 배웠으나 일본어와 러시아어 기타 외국어는 알지 못한다.

......

피고는 처자가 있는가?

— 있다. 나는 열여섯 살에 결혼했고, 처는 지금 서른두 살이다. 자식은 여아 1인과 남아 2인이 있으나 삼 년 전 집을 나와, 그 후로 처자를 만난 일이 없으므로 지금은 어떻게 살고 있는지 모르지만, 내가 집을 나올 때는 아버지의 재산이 있었으므로 다 무사히 지내고 있었다.

......

집을 나온 뒤 삼 년간은 어떠한 목적으로 지내고 있는가?

— 그 목적은 외국에 나가 있는 동포를 교육하려고 계획하고 있었

고, 또 나는 의병(義兵)으로 본국을 나와 한국의 국사(國事)로 분주
했다. 이런 생각은 수년 전부터하고 있었지만 절실히 그 필요를 느
낀 것은 러일전쟁 당시로, 지금부터 5년 전에 체결된 5개조와 3년
전에 체결된 7조개의 조약 때문에 더욱 격분하여 지금 말한 목적으
로 외국에 나갔던 것이다.

피고는 한국의 앞날을 위해서는 어떻게 해야 한다고 생각하는가?

─ 1904년 러일전쟁에 즈음한 일본 천황의 선전조칙(宣戰詔勅)에
따르면 '일본은 동양평화를 유지하고, 또 한국의 독립을 기(期)하
기 위해 러시아와 싸웠다'고 하여 한국인은 다 감격하여 일본인과
같이 출진(出陣)한 사람도 있다. 또 한국인은 일본의 승리를 마치
자국(自國)이 승리한 듯이 기뻐했으며, 이에 따라 동양의 평화는
유지되고 한국은 독립될 것이라고 기뻐하고 있었다. 그런데 이토
가 통감으로 한국에 와서 5개조의 조약을 체결하였다. 그것은 앞의
선언을 뒤집고 한국의 불이익이 되었으므로 백성들은 일반으로 복
종치 않고 있었다. 그뿐 아니라 1907년 또 7개조의 조약이 체결되었
다. 이것은 통감이었던 이토가 병력으로 압박을 가하여 체결시키
기에 이르렀으므로 백성들은 크게 분개하여 일본과 싸우더라도 이
를 세계에 발표할 것을 기약했다. 원래 한국은 무력에 의하지 않고
문필(文筆)로써 세운 나라다.

거기에 대해 어떠한 목적을 가지고 행동할 생각이었는가?

─ 그래서 이토는 일본에서도 제1위 인물로 한국에 통감으로 왔으
나, 지금 말한 두 가지 조약을 체결한 것은 일본 천황의 성지(聖旨,

천황의 뜻)가 아니라고 생각했다. 그러므로 이토는 천황을 속이고, 또 한국인을 속인 것으로 한국의 독립을 이루기 위하여 이토를 없애지 않으면 안 된다고 생각하고, 7개조 조약 성립 당시부터 살해할 생각을 일으키고, 그리고 이토를 살해할 작정으로 블라디보스토크 부근으로 가서 내 몸을 돌보지 않고 한국 독립을 이루고자 하였다.

……

피고는 작년(1909) 10월 26일 오전 9시를 지나 러시아 동청철도 하얼빈역에서 미리 준비한 권총을 발사하여 추밀원 의장 공작 이토 히로부미를 살해하고, 그 수행원이었던 총영사 가와카미 도시히코(川上俊彬), 궁내대신 비서관 모리 야스지로(森泰二郎), 남만주철도 이사 다나카 세이지로(田中淸次郎)의 발과 다리, 가슴 등에 각각 총상을 입혔다고 하는데 사실이 그런가?

─ 그렇다. 발사는 하였지만 그 뒤의 일은 모른다. 그것은 삼 년 전부터 내가 국사를 위해 생각하고 있었던 일을 실행한 것이다. 나는 의병의 참모중장으로서 독립전쟁을 하여 이토를 죽였고, 참모중장으로서 계획한 것으로, 도대체 이 법원 공판정에서 심문을 받는다는 것은 잘못된 일이다.

……

피고는 이번 이토를 살해하면 그 자리에서 자살이라도 할 생각이 었는가?

─ 나의 목적은 한국의 독립과 동양평화의 유지에 있었고, 이토를

살해하기에 이른 것은 사원(私怨, 사사로운 원한)에서 나온 것이 아니며, 오직 동양 평화를 위해 한 것으로 아직 목적을 이루었다고 말할 수 없으므로 이토를 죽여도 자살 따위의 뜻은 없었다.

피고는 원대한 목적을 가지고 있었다면 결행 후 도주할 생각은 없었는가?

— 나는 결코 도망칠 생각은 없었다.

이토 공작은 부상 후 삼십 분 남짓하여 절명하였는데 그를 수행하던 다른 사람에게 부상시킨 데 대해서는 어떻게 생각하는가?

— 이토 이외의 죄가 없는 사람을 부상케 한 것은 비통한 일이라고 생각한다.

……

피고의 직속 상관은 누구인가?

— 김두성이다.

피고는 특파원으로서 하얼빈에 왔다고 말하나 그것은 김두성으로부터 지휘를 받았다는 말인가?

— 이번 일에 새삼 명령을 받은 것은 아니고, 이전에 엔치야 부근에서 나는 김두성으로부터 청국과 러시아령 부근의 의병사령관으로 일하라는 명령을 받았다.

그 일을 하는데 김두성으로부터 자금을 받았는가?

— 직접 돈을 받은 일은 없다. 나는 각 부락에 가서 유세 등을 하고 기증해 주는 것을 비용에 충당해 왔다.

……

이석산에게 급히 큰돈이 필요하다고 일백 원을 내놔라 그렇지 않으면 권총으로 죽일 것이라고 위협하여 돈을 내놓게 했다고 검찰관에게 진술하였는데 사실인가?

— 그것은 사실이다. 처음에 내가 돈을 꾸어 달라고 말하였으나 그는 꾸어 줄 기색도 없고, 무엇에 쓰려는가 하고 묻기에 말할 계제가 아니었고 부득이 시간도 절박해 위협하고 빌렸던 것이다.

1910년 2월 8일 제2회 공판이 열렸다. 재판장은 우덕순에게 신문을 했는데, 우 피고인은 지야이지스고역에서 이토를 저격하려 했던 자신의 계획을 당당히 시인하면서 그 이유를 진술하였다.

피고는 무슨 이유로 이토 공작을 살해하려는 생각을 가지고 있었는가?

— 이토가 조선통감으로 와서부터 5개조의 조약을 만들어 각의에 회부하고 여섯 대신으로 하여금 강제로 동의케 하였고, 특히 외무대신과 같은 부서(副署)는 당시의 일본인 고문에게 맡기고 국민들이 동의했다고 폐하께 상주(上奏)하였다. 그러나 폐하께서는 재가하시지 않았다. 그것은 백성들의 여론을 들은 뒤에 결정하겠다고 하여 재가치 않았던 것이다. 그런데 이토는 그것을 그대로 가지고 가서 한국 상하의 희망에 따라 체결하였다고 발표한 것인즉, 하나는 일본 천황을 속인 것이고, 둘은 한국 상하를 속인 것이니, 이것만으로도 이토는 한국의 적이다. 그뿐 아니라 이토의 방침은 모두가 다 한국에 불리한 일뿐이니 한국 이천만 동포는 누구나 다 그를

원망하였고, 나도 그 한 사람이다.

그날 오후에는 조도선 피고인에 대한 신문이 있었다. 조도선은 안중근이 본국에서 오는 가족을 마중하는데 러시아어 통역으로 동행했을 뿐, 자기는 거사계획은 사전에 알지 못했고, 권총도 오래 전에 호신용으로 구입했던 것을 그대로 소지하고 있었을 뿐이라고 '하얼빈 사건'과는 무관함을 진술했다.

1910년 2월 9일 제3회 오전 공판에서 유동하 피고인은 아버지의 심부름으로 약을 구입하러 하얼빈에 가는 길에 러시아 통역으로 안중근 일행과 동행했을 뿐 '하얼빈 사건'과는 관련이 없다고 범행 가담을 부인했다.
그날 오후 공판에서 안중근은 다음과 같이 진술하였다.

나는 삼 년간 각처로 유세도 하고 또 의병 참모중장으로서 각지의 싸움에도 나갔다. 이번 거사도 한국의 독립전쟁이므로 나는 의병 참모중장으로서 한국을 위해 한 것으로 보통의 자객(刺客, 테러범)으로서 저지른 것이 아니다. 까닭에 나는 지금 이 법정에서 신문을 받고 있으나 보통의 피고인이 아니고, 적군에 의해 포로가 되어 있는 것이라고 생각하고 있다. … 우리는 일찍이 이토는 일본을 위해 공로가 있다는 것은 듣고 있다. 또 한편으로는 일본 천황에 대해서도 역적이라는 것을 들었다. 이제부터 그 사실을 말하고자 한다.

재판장은 더 이상의 진술을 막고 안녕 질서를 해할 우려가 있다고 법정의 방청객을 퇴정(退廷)시켰다.

1910년 2월 10일, 제4회 공판에서 검찰관 미조부치 타카오의 형량 구형이 있었다.

따라서 본인의 구형은, 안중근 사형, 우덕순과 조도선은 징역 2년, 유동하는 1년 6월에 처해 주기 바란다.

1910년 2월 12일 제5회 공판에서는 피고들의 최후진술이 있었다. 안중근의 진술 요지는 다음과 같다.

… 오늘의 사람들은 누구나 다 법률 밑에서 생활하고 있으므로 사람을 죽여도 아무 제재를 받지 않는다는 것은 있을 수 없는 일이다. 그러나 나는 개인적으로 한 것이 아니고 의병으로 한 것이니 전쟁에 나갔다가 포로가 되어 이곳에 와 있으므로 마땅히 만국공법에 따라 처벌해 주기를 바란다.[48]

일본 정부의 강압에 따라 이미 재판 결과를 정해 놓고 벌이는 형식적인 재판은 서둘러 신문과 변호, 검찰관의 구형 등을 일사천리로 한 주일 만에 모두 끝냈다. 이 사건에 관심을 가지고 지켜본 이들은 공판 자체가 원인무효라고 주장한다.

그 까닭은 우선 이 사건이 제정러시아의 조차지 역에서 일어났고, 안중근이 대한의군 참모중장 겸 특파독립대장이었음에도 일본이 편법으로 일본 형법에 따라 재판권을 행사했다는 점이다. 다음으로는 외국인 민선 변호인을 인정치 않고 일본이 일방으로 자기네 관선 변호인을 지명하여 재판을 진행했다는 점이다. 이는 법률 위반뿐 아니라 상식을 벗어난 조치였다. 또 하나 중요한 점은 피고의 언권(言權, 발언할 수 있는 권리)을 막은 상태에서 재판을 속전속결로 진행했다는 점이다.

하지만 검찰은 1905년 한일협약(을사조약)을 근거로 한국은 외교권을 상실한 상태이며, 안중근은 정규군이 아니라고 주장했다. 그러나 한일협약은 한국의 외교권을 일본에 위임한 것이지 주권은 상실한 것이 아니며, 1907년 정미7조약과 1909년 기유각서에도 재판권 행사를 위한 법적용은 한국의 법으로 한다고 규정하고 있다. 또한 1907년 헤이그 만국평화회의에서 채택한 육전규칙에 따르면 정규군뿐 아니라 비정규군도 교전 자격자가 될 수 있음을 명확히 하고 있다. 따라서 일본 관동도독부 법원의 판결은 일제가 국제법과 관례를 무시하고 약소국 국민을 부당하게 재판한 하나의 선례가 되었다.

1910년 2월 14일, 제6회 공판에서 사형이 언도되었다. 당시 보도에 따르면 안중근은 사형 언도 후 빙그레 웃으며 재판장에게 "이보다 더 극심한 형은 없느냐"고 말했다고 한다. 판결 주문에도 "이 판결에 대해 5일 내에 항소(抗訴)를 할 수 있다"고 하였지만 2월 19일 안중근은 항소를 포기했다. 이런 결심에는 어머니 조마리아의 여사의 말씀이 크게 작용했다. 조마리아 여사는 아들에게 사형이 구형되었다는 소식을 듣고 두 아들 정근과 공근을 급히 뤼순 감옥으로 보내 당신의 뜻을 전했다.

"옳은 일을 하고 받은 형이니 비겁하게 삶을 구하지 말고 대의(大義)에 죽는 것이 어미에 대한 효도다."

이를 전해 들은 『대한매일신보』와 일본의 『아사히신문』은 "시모시자(是母是子, 그 어머니에 그 아들)"라고 보도했다고 한다. 안중근이 항소를 포기하자 뤼순 고등법원장 히라이시가 감옥으로 찾아왔다.

안중근 행장 ── 13 「동양평화론」

나는 다시 청하기를 "만일 허가될 수 있다면 「동양평화론」에 대하여 책 한 권을 저술하고 싶으니, 사형 집행 날짜를 한 달 남짓 늦추어 줄 수 있겠는가?" 했더니 고등법원장이 말하기를 "어찌 한 달뿐이겠는가? 설사 몇 달이 걸리더라도 특별히 허가하겠으니 걱정하지 말라" 하므로 나는 감사의 뜻을 전하고 돌아와 항소권을 포기했다. 설사 항소한다고 해도 아무런 이익도 없을 것이 뻔할뿐더러, 고등법원장의 말이 과연 진담이라고 하면 굳이 더 생각할 것도 없어서였다. 그래서 「동양평화론」을 저술하기 시작했다.[49]

안중근의 「동양평화론」은 서문(序文), 전감(前鑑), 현상(現狀). 복선(伏線). 문답(問答)으로 나눠져 있는데 그 가운데 서문과 전감만 집필하였을 뿐이고(전감 부분도 미완성으로 짐작), 나머지는 미완으로 끝났다. 히라이시 고등법원장의 약속과는 달리 사형 집행이 연기되지 않았기 때문이다. 비록 미완으로 끝났지만 안중근이 쓰고자 했던 내용을 당시 통역이었던 소노키 스에요시(園木末嬉))에게 알려줘 그 기록이 남아 있어 그 대의(大意)를 짐작할 수 있다.

그 내용은 러시아가 동양의 중심지이며, 항구 도시인 뤼순을 빼앗고, 또 이것을 일본이 빼앗고, 또다시 언젠가는 중국이 도로 찾으려 할 것이니, 뤼순은 동양 각국의 분쟁거리가 될 수밖에 없다. 차라리 이곳을 영세 중립지대로 만들어 그곳에 아시아 각국에서 정부를 대표하는 사람을 보내어 아시아 평화를 위한 상설위원회를 만들어 분쟁을 미연에 방지하고 장래의 발전을 도모케 할 것과 각국은 일정한 재정을 제공, 개발은행을 설치하여 어려운 나라를 위한 공동개발의 자금으로 쓰게 하자는 주장을 담고 있다. 또한 이 위원회가 동쪽 끝에 있는 점을 감안하여 로마 교황청도 이곳에 대표를 파견케 할 것을 제안하기도 하였다. 이는 이 위원회가 국제적 승인과 영향력을 얻게 하려고 한 것인바, 오늘날 유럽에 EU가 결성되고 환태평양 국가들이 APEC을 만든 것과 일맥상통한다. 안중근은 이미 일백 년 전에 이런 구상을 한 대사상가요, 경세가였다.

안중근은 사형 집행을 앞두고 죽음을 준비하고자 아우를 통해 신부를 만나게 해 달라고 조선 가톨릭 교구에 요청했다. 이에 민(閔德孝, Mütel) 주교가 거절하자 홍석구(洪錫九, Wilhelm) 신부가 민 주교의 "가지 말라"는 명령과 경고를 무시한 채 3월 8일 뤼순으로 면회 와서, 3월 10일까지 영생영락을 위한 고해성사 등 대예식을 거행했다. 이 자리에는 정근·공근 두 동생 그리고 미조부치 타카오(溝淵好雄), 구리하라(栗原貞吉) 전옥(교도소 소장), 소노키 스에요시(園木末嬉) 통역도 입회하여 20분 동안 기도를 드리고 동포에게 고하는 유언을 남겼다.

동포에게 고함

내가 한국의 독립을 회복하고 동양평화를 유지하기 위하여 삼 년 동안 해외에서 풍찬노숙하다가 마침내 그 목적을 도달치 못하고 이곳에서 죽노니 우리들 이천만 형제자매는 각각 스스로 분발하여 학문에 힘쓰고 실업을 진흥하여 나의 유업을 이어 자유독립을 회복하면 죽어도 한이 없겠노라.

그때 천주교회 홍 신부가 나의 영생영락하는 성사를 해주기 위해서 한국에서 이곳에 와 나와 서로 면회하니 꿈만 같고 취한 것 같아 기쁨이 말할 수 없었다. … 홍 신부는 나에게 교회의 가르침에 따라 훈계한 뒤에 이튿날 고해성사를 주시고, 또 이튿날 아침 감옥에 와서 미사성제 대례를 거행하고 성체성사로 천주의 특별한 은혜를 받으니 감사하기 이를 길 없었는데, 이때 감옥소에 있는 일반 관리들이 모두 와서 참례했다. 그 이튿날 오후 2시쯤 와서 나에게 이르기를 "오늘 한국으로 돌아가기에 작별하러 왔다"고 하였다. 몇 시간 서로 이야기하기를 나눈 뒤에 손을 잡고 작별하며 홍 신부는 나에게 말하였다.

"인자하신 천주께서 너를 버리지 않을 것이요, 반드시 거두어 주실 것이니 안심하고 있으라."

손을 들어 나를 향하여 강복(降福)한 뒤에 떠나가니, 때는 1910년 경술 2월 초하루(음력, 3월 11일) 오후 2시쯤이었다.

이상이 안중근 32년 동안의 역사 대강이다.
경술 음력 2월 초5일(양력 3월 15일)
뤼순 옥중에서 대한국인 안중근이 쓰다.[50]

1910년 3월 24, 25일 양일 동안 안중근은 곧 있을 사형 집행을 예감한 듯 어

1910년 3월 10일 안중근 의사가 뤼순 감옥 특별면회실에서 홍석구(빌렘)
신부, 정근, 공근 두 동생과 마지막 면회를 하고 있다.

머니, 아내, 동생 정근 공근, 홍 신부, 민 주교, 사촌 명근, 숙부 등 모두 7통의 고별 편지를 썼다. 그 가운데 아내에게 보내는 편지는 다음과 같다.

분도 어머니에게 부치는 글

예수를 찬미하오. 우리들은 이 이슬과도 같은 허무한 세상에서 천주의 배려로 배필이 되고, 다시 주님의 명으로 이제 헤어지게 되었으나, 또 머지않아 주님의 은혜로 천당 영복(永福, 천국에서 누리는 영원한 복락)의 땅에서 영원에 모이려 하오. 반드시 육정(六情, 사람이 가지는 여러 가지 감정)에 괴로워함이 없이 주님의 안배만 믿고 신앙을 열심히 하고 어머님에게 효도를 다하고, 두 동생과 화목하여 자식 교육에 힘쓰며 세상에 처함에 심신을 편안히 하고 후세 영원의 즐거움을 바랄 뿐이오. 나는 장남 분도가 신부가 되기를 마음에 결정하였으니 그렇게 알고 반드시 잊지 말고 신부가 되게 하시오. 많은 말은 후일 천당에서 기쁘고 즐겁게 만나 상세히 이야기할 기회가 있을 것을 믿고 또 바랄 뿐이오.

1910년 경술 2월 14일(양력 3월 24일)
장부 도마 올림

위국헌신 군인본분

  1910년 3월 25일 저녁, 하얼빈 일본영사관에서부터 호위와 뤼순 감옥 수감 동안 내내 감시를 해온 지바 도시치(千葉十七)가 안중근에게 "내일 오전에 형 집행이 있을 것 같습니다"고 귀띔을 했다. 안중근은 그 말을 들어도 평정심을 잃지 않았다. 「동양평화론」은 이제 시작했을 뿐인데…' 탈고 때까지 형 집행을 연기해 주겠다고 약속했던 히라이시 고등법원장이 원망스럽다가 아마 그의 뜻이 아닐 거라고 이내 마음을 추슬렀다. 안중근은 마음의 평정을 얻고자 천주님께 기도를 드리고 긴 묵상에 잠겼다. 이내 안중근의 마음은 명경지수(明鏡止水)로 담담했다.

  1910년 3월 26일 새벽이 밝아왔다. 감방 창문 밖으로 봄을 재촉하는 보슬비가 내리고 있었다. 안중근은 예삿날과 마찬가지로 몸가짐을 가다듬고는 천주님께 기도를 드리고 이생에서 마지막 아침밥을 들었다. 식사를 마치자 간수 지바가 찾아와 머뭇거렸다. 안중근이 눈치를 채고서는 물었다.

  "어제 부탁한 것 때문이오."

  "그렇습니다."

  "지금 쓰지요."

  "감사합니다."

  지바는 고개를 숙여 예를 드리고는 벼루에 먹을 갈았다. 안중근은 뤼순 감옥에 수감된 뒤 숱한 글씨를 남겼다(박은식의 『한국통사』에 따르면 200여 점을 썼다고 하는데 현재 확인된 것은 50여 점이다). 그때 안중근의 머릿속에는 '위국헌신군인본분(爲國獻身軍人本分)'이란 여덟 자가 떠올랐다. '나라 위해 몸 바침이 군인의 본분이다'를 마음속으로 읊어 보았다.

'그래, 나는 이것을 위해 오늘까지 살아왔던 거야.'

안중근은 붓을 들고는 온 정성을 다해 힘차게 써 내려갔다.

爲國獻身軍人本分
庚戌三月 於旅順獄中 大韓國人 安重根 謹拜

아주 통쾌했다. 죽음이 전혀 두렵지 않았다. 마치 농부가 추수를 끝낸 들판을 바라보는 흐뭇한 심정이었다. 아니 목동이 양떼를 몰아 집으로 돌아가는 평화로운 심경이었다. 안중근은 화룡점정(畵龍點睛)의 마음으로 왼손에 먹을 묻힌 뒤 낙관을 찍었다.

"신품(神品)입니다."

곁에서 지켜보던 지바가 감동하면서 말했다.

"그동안 고마왔소."

"가보로 간직하겠습니다."

그 뒤 지바는 뤼순 감옥 근무를 마치고 고향으로 돌아온 뒤 센다이(仙台)에서 철도원으로 근무하면서 안중근의 반명함판 사진과 이 유필 족자를 집안에 모시고 아침저녁으로 안 의사의 명복을 빌다가 1944년 세상을 떠났다. 그가 죽은 뒤 그의 아내도 남편을 따라 아침저녁 추모의 예를 올리다가 후사가 없자 조카 미우라(三浦)를 양녀 삼아 그 일을 잇게 했고, 미우라는 뒷날 이 유묵을 한국의 안중근의사기념관에 기증했다.

안중근이 마지막 유묵을 쓰고는 곧 두 아우 정근·공근을 면회했다. 안중근은 담담한 어조로 아우들에게 유언을 받아쓰게 했다.

안중근은 두 아우가 형의 사형 집행 전 마지막 면회임을 알고서 비통해 하

為國獻身軍人本分

안중근의 마지막 유묵 작품을 돌에 새겼다. 경남 진해 해군통제부 영내에 세워져 있다.

자 나무랐다.

"나는 티끌만한 상심도 없는데 너희가 왜 그러냐?"

그 말에 아우들도 마음을 가다듬자 차분한 목소리로 일렀다.

"오직 늙으신 어머님께 효도를 다하라. 앞으로 정근은 공업에 종사하여 한국 공업의 후진성을 벗어나는 데 이바지해 주고, 공근은 학자가 되기를 바란다. 아들 분도를 꼭 신부로 만들어 달라."

안중근은 두 아우와 마지막 면회를 마치고 감방에 돌아온 뒤 어머니가 동생 편에 차입해 준 흰 명주저고리와 검정바지로 갈아입고, 그 위에 흰 두루마기를 걸친 다음 이승에서 마지막 사진을 남겼다. 안중근은 두 형리가 양팔을 잡고 이끄는 대로 교형장으로 갔다.

1910년 3월 26일 오전 10시 구리하라(栗原貞吉) 교도소장이 사형 집행문을 낭독했다. "마지막으로 하고 싶은 말이 있는가?"

"우리 대한국이 독립해야 동양평화가 보존될 수 있고, 일본도 위기를 면하게 될 것이다."

안중근이 말을 마치자 형 집행 형리가 백지를 접어 두 눈을 가리고 그 위에 흰 수건을 둘러맸다. 그런 뒤 안중근을 부축하여 일곱 계단을 올라 교수대 위에 세웠다.

"잠시 기도할 시간을 달라."

구리하라 교도소장이 이를 허락하자 안중근은 교수대에서 3분 남짓 기도를 드렸다. 그 기도가 끝나자 안중근의 목에 밧줄이 드리웠다. 오전 10시 4분이었다. 10시 15분, 의사가 절명을 확인했다.

사형 집행 후 안중근의 두 동생이 안 의사의 유해 인도를 요구했지만 끝내 일본은 이를 들어 주지 않았다. 안 의사의 유해가 밖으로 나갔을 때, 그 묘지가 독립운동의 성지가 될 것은 불을 보듯 분명한 일이기에 일본은 이를 우려했기 때문이다.

안 의사의 유해는 송판으로 된 관에 안치된 채 그날 오후 뤼순 감옥 공동 묘지에 묻혔다. 그날 새벽부터 내린 보슬비는 하관할 때까지도 내렸다. 이천만 대한의 백성들이 이 세상을 떠나는 안중근 의사에게 흘리는 눈물이었다. 뒷날 하얼빈역 플랫폼에서 안 의사의 총탄에 발을 맞았던 다나카 세이지로 만철이사의 회고담이다.

"나는 당시 현장에서 10여 분간 안중근을 볼 수 있었다. 그가 총을 쏘고 나서 의연히 서 있는 모습을 보는 순간, 나는 신(神)을 보는 느낌이었다. 그것도 음산한 신이 아니라 광명처럼 밝은 신이었다. 그는 참으로 태연하고 늠름했다. 나는 그같이 훌륭한 인물을 일찍이 본 적이 없었다."

하관을 마친 뒤, 날씨가 활짝 개더니 해가 넘어갈 무렵에는 저녁 노을로 뤼순 앞바다를 시뻘겋게 물들였다. 한 영웅의 운명을 기리는 장엄한 낙조였다.

닫는마당

영웅 안중근

서울 남산 안중근기념관 광장에 있는 안중근 의사 동상.

살아남은 자의 슬픔

나는 이번 답사 출발에 앞서 취재 범위를 정한 바는 안중근 의사의 여정을 벗어나지 않겠다는 것과 속초에서 출발하여 러시아 엔치야, 블라디보스토크, 우수리스크를 거쳐 중국 쑤이펀허, 하얼빈, 지야이지스고, 창춘, 다롄을 경유하여 뤼순에서 마치기로 했다. 애초 답사를 기획할 때 안중근이 한때 머물었다는 중국 훈춘과 현재에도 안중근 후손이 블라디보스토크 부근에 살고 있다는 제보도 있었지만 자칫 안중근 의사 마지막 행장 답사에 초점이 흐려질 것을 염려하여 굳이 찾지 않았다.

2009년 10월 31일 저녁, 하얼빈에서 그날 취재를 마치고 혼자 저녁을 먹은 뒤 하얼빈역 부근을 산책하다가 역 대합실 2층에 있는 PC방을 찾았다. 그동안 열어 보지 못한 메일을 보고자 함이었다. 수신된 메일을 다 본 뒤 마침 안중근 의사 유적지 답사 중이라 검색란에서 '안중근'을 두드리자 10·26 의거 기념일을 앞뒤로 많은 기사들이 온라인상에 떠 있었다. 그 가운데 '살아남은 자의 슬픔'이라는 기사에서 안중근 의사의 아들 안준생이 1939년 10월 16일 조선호텔에서 이토 히로부미 둘째아들 이토 분키치와 마주 앉아 "아버지를 대신해 사죄한다"고 말한 뒤, 조선총독부 외사부장 등 통역과 함께 찍은 사진을 봤을 때, 가슴이 송곳에 찔리는 듯한 아픔을 느꼈다.

귀국 후 답사기를 쓰고자 자료를 구하던 가운데 한 월간지에 창원대 사학과 도진순 교수가 기고한 '영웅 안중근 가문의 이산과 죽음'이라는 글과 『이

필자가 귀국 후 서울 효창원 안중근 의사 묘지에 헌토한 뒤 고유인사를 드리고 있다.

토 히로부미, 안중근을 쏘다』라는 책을 읽고는 망연자실했다. 책의 원작자의 한 사람인 조동성 서울대 경영대학 교수는 안중근의 어머니 조마리아 후손이라고 하였으니 안준생의 진외가가 아닌가. 차마 밝히고 싶지 않은 얘기지만 바른 역사를 통해 '일백 년의 교훈'을 삼고자 진실을 공개함에 경의와 공분을 함께 느꼈다.

나는 책을 덮자 호남 의병전적지 답사에서 만난 광주 김원국·김원범 형제 의병장 손자인 김복현 씨의 얼굴이 떠올랐다. 그분이 하신 말씀 가운데 유독 "국가와 민족을 위해 살려면 자식을 낳지 말라"는 그 말이 공명되기에 늦은 밤중임에도 손전화를 눌렀다.

- 안중근 의병장 아들 안준생이 이토 히로부미 아들에게 아버지를 대신해 사죄한 데 대해 같은 의병장 후손으로 어떻게 생각하십니까?

"다른 사람이 다 돌을 던져도 저는 그럴 수 없습니다. 그때 남은 가족들이 살기 위해 그럴 수밖에 없었을 겁니다. 일제의 회유와 공작이 채찍과 당근 정책으로 얼마나 집요했겠습니까? 해방 후 가족들이 살아오면서 얼마나 양심의 가책과 고통을 받았겠습니까? 이제라도 그들을 포근히 감싸 줘야 합니다. 저는 지금도 '국가와 민족을 위해 살려면 자식을 낳지 말라' '씨앗을 뿌려서는 안 된다'고 한 말에 대한 소신이 변함이 없습니다."

안중근 의사 유적지 답사에서 돌아온 이틀 뒤인 2009년 11월 6일, 서울 효창원에 있는 안중근 의사 무덤을 찾았다. 백범기념관 홍소연 자료실장이 맞이해 주었다. 나는 안중근 의사 무덤에 엎드려 고유인사를 드리고 뤼순 감옥 묘지에서 가지고 온 흙을 봉분 곳곳에 골고루 흩뿌렸다.

문득 효창원 안중근 의사의 무덤 뒤 소나무 숲에서 까치 한 마리가 '까악 까악' 짖다가 푸드득 날았다. 저녁놀이 새빨갛게 물든 것으로 보아 내일은 찬란한 해가 솟을 듯했다.

전남 장흥군 장동면 만년리 용두산에 있는 안중근 의사의 사당 해동사 전경.

영웅 안중근

군작(群雀)이 어찌 대붕의 뜻을 알겠는가. 나는 안중근 의사의 마지막 행장인 1909년 10월 중순부터 1910년 3월 26일까지 150여 일의 장엄한 대장정을 아흐레 만에 뒤좇고는 내 글방에 앉았으나 한 달이 넘도록 붓을 들지 못한 채 허송세월했다. 그런 가운데 섣달 초순, 하늘의 별을 보는 교통사고를 당했다. 그 아찔한 순간 나는 안중근 의사의 모습이 가장 먼저 떠올랐다. 그 상처가 아물자 신기하게도 붓을 들 수 있었다. 꼭 두 달간 취재 노트를 펴 놓고는 미친 듯이 자판을 두들겨 2010년 2월 16일에 1차로 탈고한 원고와 사진 자료를 출판사로 넘겼다.

이 일을 끝내자 나는 체액을 다 쏟은 누에처럼 몸도 마음도 텅 빈 듯했다. 그런 탓인지 며칠간 열병을 앓았다. 정초부터 호남 의병 후손들이 내게 머리도 식힐 겸 한번 다녀가라는 초청을 받고는 몸을 추스른 다음, 남도길에 나섰다. 이번 길에도 나의 제1차, 제3차 중국 대륙 항일답사 안내를 맡아 준 이항증(임정 초대 국무령 석주 이상룡 선생 증손) 선생이 동행해 주었다. 2월 26일 전남 영광 김용구·김기봉 부자 의병장의 후손인 김근순 전 대마면장의 안내로 함평의 독립운동역사관(상하이 임시정부 청사)과 안중근 의사 동상을 참배한 뒤 녹천 고광순 의병장의 생가인 담양 창평에서 하룻밤을 묵었다. 이튿날 아침, 고영준 녹천 후손의 안내로 장흥군 장동면 만년리 용두산 기슭에 있는 만수사(萬壽祠)로 갔다. 안중근 의사 일문인 안종복, 안경순, 안춘섭, 안병만 등 족친이 반갑게 맞아 주었다.

만수사는 장흥에 세거(世居, 한 고장에 대대로 삶)하고 있는 죽산(竹山) 안씨[51]들이 당신들의 선조인 '해동공자'로 일컫는 고려 충렬왕 때 문성공 안향(安珦, 1243–1306)의 학덕을 기리고자 세운 사당이다. 이곳 일문들이 1910년 안중근 의사가 뤼순에서 순국한 뒤 집안이 풍비박산되어 제사를 제대로 드리지 못한다는 얘기를 전해 듣고 여러 유지

들의 성금을 모아 만수사에다 안중근 의사의 사우(祠宇, 따로 세운 사당)를 지었다. 당시 이승만 대통령이 이 이야기를 전해 듣고 '해동명월(海東明月)'이라는 글을 내려 '해동사(海東祠)'로 명명(命名)하게 되었다는 아름다운 얘기를 족친들이 들려주었다.

이날 봄을 재촉하는 단비를 맞은 만수사 일대는 더욱 청아하고 고즈넉했다. 우리 일행은 족친들의 안내로 해동사에 든 뒤 '義士安公重根' 위패 앞에 분향 재배했다.

"잘 다녀왔습니다. 충심으로 존경합니다."

해동사의 안 의사 위패.

나는 위패 앞에 깊이 엎드려 고유인사를 올렸다. 사당 안에는 안 의사의 유묵 3점과 이승만 대통령이 내린 편액, 그리고 안 의사의 자음시(自吟詩, 자작시) 한 편이 걸려 있었다. 안 의사의 유묵 앞에서 일행과 족친들이 감상 촌평을 했다. 먼저 내가 '극락(極樂)'에 대해 말했다.

"이 유묵은 경술 3월이라는 작품 쓴 때로 보아 순국 직전으로 여겨집니다. '극락'이라는 휘호(揮毫, 글씨)는 일제가 당신을 감옥에 가뒀지만, 당신은 이곳이야말로 지상 극락으로 알고 지낸다는 역설의 깊은 뜻이 담겨 있습니다."

일행 모두 고개를 끄덕이며 안 의사의 그 기개에 탄복했다. 안씨 족친 한 분이 유묵 '고막고어자시(孤莫孤於自恃)'에 대한 감상을 말했다.

"이 유묵은 '스스로 잘난 체하는 것보다 더 외로운 것은 없다'라는 말로, 안 의사의 겸손한 성품이 배어 있는 글입니다."

이어 동행한 이항증 선생이 다음 작품을 가리키며 이 시는 이백의 '여산 오로봉'에서 연유된 작품이라며 풀이를 했다.

오로봉[52]으로 붓을 삼고
삼상(三湘)[53]의 물로 먹을 갈아
푸른 하늘 한 장 종이 삼아
마음속에 담긴 시를 쓴다.
五老峰爲筆 三湘作硯池
靑天一丈紙 寫我腹中詩

나는 시의 풀이를 듣는 순간 『맹자』의 '대장부' 일절이 떠올랐다.

"대장부는 넓은 천하를 집 삼아 살며, 천하 한가운데 서서 대도(大道)를 행하나니, 그 뜻을 얻으면 백성들과 함께 도(道)를 행하고, 뜻을 얻지 못하면 그 도(道)를 홀로 행한다. 부귀해도 음란치 않고, 빈천해도 절개를 변치 않으며, 위세에도 결코 굴복치 않는 사람이다."[54]

안중근 의사이시여!

당신은 대장부요, 영웅이십니다.

그동안 당신의 길을 뒤좇던 날이 매우 행복했습니다.

당신이 있었기에 이 나라 이 겨레는 영원할 것입니다.

부디 하늘나라에서도 이 나라와 겨레를 굽어 살펴 주시옵소서.

나는 마음속으로 기도를 드렸다. 그리고는 이 책의 제목 '영웅 안중근'을 해동사 안 의사의 위패 앞에서 확정지었다. 장흥 안 의사 족친들이 우리 일행에게 점심을 들고 가라고 청했지만 갈 길이 멀다고 굳이 사양하고는 용두산 해동사를 떠났다. 도중 광주 포충사(褒忠祠)에 들러 임진왜란 때 나라를 구한 제봉(霽峰) 고경명(高敬命, 1523~1592) 의병장 영정에 절을 드린 뒤 급히 귀로에 올랐다.

잠시 갠 하늘이 다시 비를 뿌렸다. 그 비와 함께 내 눈에서도 뜨거운 눈물이 주르르 흘러내렸다. 위대한 영웅 안중근 의사를 만난 기쁨의 눈물이요, 무딘 붓으로 그분을 그리기에 정성을 다한 한 작가의 마지막 화룡점정 눈물이었다.

주

1. 안중근의사숭모회, 『대한의 영웅 안중근 의사』, 10-11쪽

2. ──────, 『안중근 의사 자서전』, 「안응칠 역사」(이하 「안응칠 역사」), 22-23쪽

3. ──────, 『대한의 영웅 안중근 의사』, 11-14쪽

4. 「안응칠 역사」, 96-99쪽

5. 안중근의사숭모회, 『대한의 영웅 안중근 의사』, 15-16쪽

6. 「안응칠 역사」, 114-115쪽

7. 김두성(金斗星)을 유인석(柳麟錫)으로 보는 설도 있다(趙東杰).

8. 안중근의사숭모회, 『대한의 영웅 안중근 의사』, 18쪽

9. 「안응칠 역사」, 130-132쪽

10. 앞의책, 133-137쪽

11. 안중근의사숭모회, 『대한의 영웅 안중근 의사』, 18-19쪽, 「안응칠 역사」, 137-160쪽 요약 정리

12. 앞의책, 163-164쪽

13. 사키 류조, 『광야의 열사 안중근』, 47-58쪽 요약 정리

14. 박노연, 『안중근과 평화』, 123-124쪽, 나명순·조규석 『대한국인 안중근』, 45쪽

15. 「안응칠 역사」, 165-166쪽

16. 사키 류조, 『광야의 열사 안중근』, 74-77쪽 요약 정리

17. 「안응칠 역사」, 166쪽

18. 조성오, 『우리 역사 이야기·2』, 40-44쪽

19. 사키 류조, 『광야의 열사 안중근』, 83-87쪽 요약 정리

20. 「안응칠 역사」, 165-166쪽

21. 미요시 도오루(三好徹) 『이토 히로부미』와 정일성 『이토 히로부미』에서 발췌 정리

22. 사키 류조, 『광야의 열사 안중근』, 111-114쪽 발췌, 요약 정리

23. 박도, 『항일유적답사기』, 24쪽

24. 사키 류조, 『광야의 열사 안중근』, 91-99쪽 발췌, 요약 정리

25. ○○는 이토를 말함. 애초 안중근이 소지한 노래에는 ○○으로 표기하였음; 1900년 11월 15일 제3회 심문조서에서 검찰관 미조부치 타카오의 질문에 안중근은 다음과 같이 밝혔다.

노래 중 '鼠窃(쥐도둑)'이라고 한 아래 '○○'을 그리고 있는데 그 영(零)은 '이토(伊藤)'이라는 문자를 넣을 작정이 아닌가.

― 그렇다. '○○'에는 '이토(伊藤)' 두 글자를 넣을 생각이었다. 이것을 비워 놓은 것은 거

사 성공 여부를 몰랐기 때문이었다(안중근 의사 공판기, 32쪽).

26. 유경환, 『위대한 한국인 안중근』, 268-277쪽. 이 노래는 세칭 〈보구가〉로 전해 내려오는
    바, 가사 내용이 조금씩 다르다.

27. 사키 류조, 『광야의 열사 안중근』, 102-104쪽 발췌, 요약 정리

28. 「안응칠 역사」, 166-170쪽

29. 사키 류조, 『광야의 열사 안중근』, 114-120쪽 발췌, 요약 정리, 나명순·조규석, 『대한국인
    안중근』, 50-57쪽 발췌, 요약 정리

30. 「안응칠 역사」, 173-174 쪽

31. 사키 류조, 『광야의 열사 안중근』, 122-141쪽 발췌, 요약 정리

32. 앞의 책, 134-139쪽 발췌, 요약정리

33. 이때 이토는 즉사하지 않고 의식이 조금 있었는데 모리 비서관을 통해 "범인은 조선인입
    니다"라는 말을 듣고는 '바가야로(멍청한 놈)!'라는 말을 남겼다는 얘기도 있다.

34. 박도, 『항일유적답사기』, 22-32쪽, 나명순·조규석, 『대한국인 안중근』, 59-69쪽 외 종합

35. 「안응칠 역사」, 177-178쪽

36. 사키 류조, 『광야의 열사 안중근』, 157쪽-158쪽 발췌, 요약 정리

37. 조성오, 『우리 역사 이야기』, 11쪽(원문은 박지원의 『양반전』)

38. 사키 류조, 『광야의 열사 안중근』, 160쪽-168쪽 발췌, 요약 정리

39. 안중근의사숭모회, 『안중근 의사 공판기』 발췌

40. 사키 류조, 『광야의 열사 안중근』, 197-198쪽

41. 「안응칠 역사」, 178-183쪽

42. 정일성, 『이토히로부미』, 45-46쪽

43. "安氏는 莞爾히 笑하며 曰 此보다 極甚한 刑은 無하냐 하였더라" 『대한매일신보』 1910년 2
    월 26일자, 在旅順 傍聽生

44. 「안응칠 역사」, 183쪽

45. 안중근의사숭모회 편, 『대한의 영웅 안중근 의사』, 67쪽

46. 나명순·조규석, 『대한국인 안중근』, 117-120쪽

47. 「안응칠 역사」, 189-191쪽

48. 이상, 안중근의사숭모회, 『안중근 의사 공판기』 발췌

49. 「안응칠 역사」, 206-207쪽

50. 앞의 책, 209-211쪽

51. 순흥 안씨에서 분파

52. 중국 강서성 여산에 있는 산봉우리

53. 중국 후난성 동정호로 흘러 들어가는 소상, 증상, 원상 등 세 강줄기

54. 『맹자』 등문공장구 하편

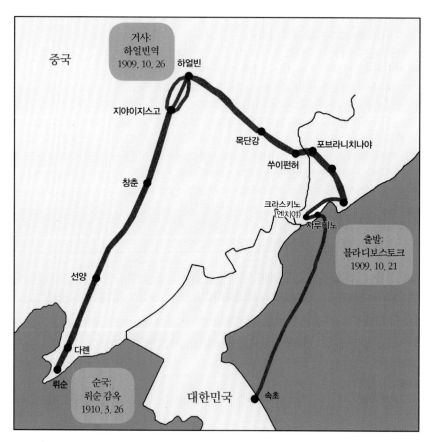

중국

거사:
하얼빈역
1909. 10. 26
하얼빈

지야이지스고

목단강

포브라니치나야

쑤이펀허

창춘

크라스키노
(엔치야)

자루비노

선양

출발:
블라디보스토크
1909. 10. 21

다롄

뤼순

순국:
뤼순 감옥
1910. 3. 26

대한민국

속초

━━ 안중근 의사 마지막 행장 여정
━━ 박도의 유적지 답사 여정

296

답사 일정

제1일 2009. 10. 26.
08:20, 강원도 횡성군 안흥면 출발
09:20, 원주 출발
11:40, 속초 도착
15:30, 속초항 출항

제2일 2009. 10. 27.
(이하 현지시간)
13:30, 자루비노항 하선
13:50, 자루비노 출발
15:00, 크라스키노 도착
15:40, 단지동맹유지비 답사
16:20, 슬라비얀카 답사
20:40, 블라디보스토크 도착

제3일 2009. 10. 28.
08:50, 블라디보스토크 출발
10:20, 우수리스크 이상설 선생 유허비 답사
11:10, 최재형 집 답사
11:40, 우수리스크역 답사
12:20, 라즈돌노예역 답사
15:00, 블라디보스토크 신한촌(현, 하바로프스크 거리) 답사
16:00, 블라디보스토크역 답사
16:40, 블라디보스토크 개척리(현, 포브라니치나야 거리) 답사
18:00, 블라디보스토크 항구 조망

제4일 2009. 10. 29.
10:20, 블라디보스토크 페에르와야리치카역 답사
11:00, 극동대학교 방문
11:40, 블라디보스토크 요새 답사
13:00, 블라디보스토크 항구 답사
17:00, 블라디보스토크역 출발
19:00, 우수리스크역 도착

제5일 2009. 10. 30.
10:50, 우수리스크역 출발
12:50, 러시아 국경인 포브라니치나야역 도착
15:40, 포브라니치나야 출발
16:10, 중국 러시아 국경 통과

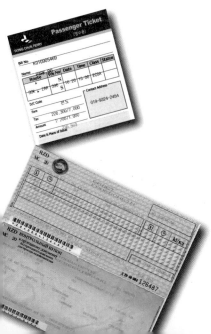

17:20, 중국 쑤이펀허역 도착
21:20, 쑤이펀허역 출발

제6일 2009. 10. 31.
07:45, 하얼빈 도착
08:00, 하얼빈역 플랫폼 답사
09:30, 일본영사관(현, 하얼빈시 화원소학교) 답사
10:30, 하얼빈 공원(현, 이조린공원), 김성백 집 답사
12:40, 제홍교 답사
13:50, 하얼빈 경찰서(현, 동북열사기념관) 답사
15:30, 조선민족예술관 방문

제7일 2009. 11. 1.
09:00, 하얼빈 시내 답사
13:35, 하얼빈역 출발
14:40, 지야이지스고역 도착, 답사
16:42, 지야이지스고역 출발
18:30, 창춘역 도착
22:20, 창춘역 출발

제8일 2009. 11. 2.
06:20, 다롄역 도착
12:00, 다롄 대학교 역사학원 유병호 교수, 환일본경제연구소 미무라
연구주임과 오찬 겸하여 한중일 삼국 평화론 토론하다.
14:00, 다롄 안중근연구회 박용근 회장 안내로 다롄 시내 안중근
유적답사(수상경찰서, 만철본사, 만철병원, 일본조선은행 다롄 지점,
관동군 사령부 등)

제9일 2009. 11. 3.
09:20, 일본 관동지방법원 답사
10:30, 뤼순 감옥 답사
11:50, 뤼순 감옥 묘지 답사
13:20, 203고지(러일전쟁전적지) 답사
14:00, 러시아군 위령탑 답사
14:40, 백옥산 답사
18:10, 다롄 공항에서 인천행 중국남방여객기 탑승

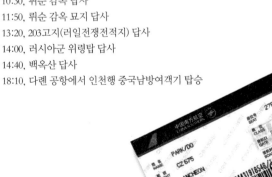

안중근 의사 연보

연도 (연령)	안중근 의사	국내외 간추린 역사
1879년 (1세)	9월 2일(음력 7월 16일) 황해도 해주부 광석동에서 아버지 안태훈과 어머니 조씨 사이에서 3남 1녀 가운데 장남으로 태어나다. 가슴과 배에 점이 일곱 개가 있어 어릴 때 이름을 '응칠(應七)'로 부르다.	- 일본 하나부사, 군함 2척으로 서해안 측량 - 일본에 원산 개항 허가
1880년 (2세)		- 수신사 김홍집, 일본 다녀옴 - 청의 이홍장, 조선이 서양과 통상하여 러시아·일본 침략을 막을 것을 권고함
1881년 (3세)		- 별기군 설치, 일본군 공병 소위 호리모토 초빙하여 신식훈련 실시 -일본에 신사유람단 파견
1882년 (4세)		- 임오군란이 일어남 - 미국 영국 독일과 수호통상조약 체결함 - 일본과 제물포조약 체결함
1883년 (5세)		- 일본과 인천조계지 조약 체결함 - 박문국에서 '한성순보' 발간
1884년 (6세)	아버지 태훈 공, 박영효가 주도하는 개화파에서 일본에 파견할 70명의 유학생 일원으로 선발되다. 그러나 갑신정변의 실패로 고향으로 돌아오다.	- 부산-나가사키 사이 해저전선 개통 - 우정총국 설립 - 갑신정변이 일어남 - 일본과 갑신정변 관련하여 한성조약 체결
1885년 (7세)	아버지 태훈 공 가산을 정리하여 가족이 황해도 신천군 두라면 청계동으로 이주하다. 안중근 서당에 다니며 학문을 배웠으나, 학문보다 사냥에 뜻이 있었고, 나중에 명사수가 되다.	- 조선에서의 세력 균형을 위해 청일 양국 톈진 조약 체결 - 청일 양국군 철수
1886년 (8세)	동생 정근(定根) 태어나다.	- 러시아 공사, 조선 백성들의 연해주 월경 금지를 요청
1887년 (9세)		- 프랑스와 조불수호통상조약 비준 - 아펜젤러, 최초의 감리교회인 정동교회 설립

1888년 (10세)		- 러시아와 육로통상장정 조인
1889년 (11세)	동생 공근(恭根) 태어나다.	- 일본, 방곡령 철폐와 일본 상인들 의 손해배상 요구
1890년 (12세)		- 프랑스 뮈텔이 조선 천주교 주교 에 임명됨
1891년 (13세)	여동생 성녀(姓女) 태어나다.	- 제주민란 발생; 일본어선의 어로 금지 요구
1892년 (14세)	할아버지 인수 공의 죽음으로 반년간 앓다.	- 동학교도, 전라도 삼례역에 모여 교조 신원과 관리들의 탄압 중지 요 구
1893년 (15세)		- 동학교도들 '척왜척양(斥倭斥洋)' 기치를 내걸고 농성 - 블라디보스토크에 한인촌 건설
1894년 (16세)	안중근 한 살 위인 김아려와 결혼하다. 동학군의 접장인 김구(金九)와 교분을 맺다.	- 동학혁명이 일어남 - 청일전쟁이 일어남
1895년 (17세)	아버지가 동학군에게 노획한 양곡을 군량으로 사 용한 게 문제가 되어 한성에 가서 재판을 받다	- 을미사변(명성황후 시해사건)이 발생함 - 단발령 반포
1896년 (18세)	아버지가 천주교당으로 피신하다. 이곳에서 천주 교에 입교하다.	- 일본 헌병대 설치 - 유인석 제천창의대장 취임 - 아관파천(고종 러시아 공사관으로 옮김)
1897년 (19세)	안중근 빌렘(홍석구) 신부에게 토마스로 세례를 받 다.	- 국호를 대한으로 결정하고 황제 즉위식을 거행함 - 명성황후 장례식을 거행함
1898년 (20세)	안중근 홍 신부와 황해도 여러 지방을 돌며 선교활 동을 하다.	- 일본·러시아, 한국에 관한 의정서 조인
1899년(21세)	안중근 교회 총대로 추대되어 교우들의 난제 해결 에 앞장서다	- 청과 통상조약 체결
1900년(22세)	안중근 한국 교인들을 위해 대학 설립을 건의했으 나 뮈텔 주교에게 거절당함. 이후 빌렘 신부에게	- 러시아, 하얼빈-뤼순 간의 철도 부 설권 얻음
1901년(23세)	배우던 프랑스어 공부도 중단하다.	- 청, 이홍장 11개국과 강화조약 발 표

1902년(24세)	아버지가 청나라 사람 서가에게 봉변을 당하자 안중근은 친구와 함께 찾아가 따진 뒤 진남포재판소에 회부하여 승소하다.	- 한성판윤, 일본 제일은행권 유통 금지령 공포
1903년 (25세)	빌렘 신부의 권위적인 태도를 뮈텔 주교에게 하소연하려다가 오히려 구타당하다. 그러나 굴욕을 참고 화해하다.	- 정부, 러시아·일본의 대립에 중립 선언
1904년(26세)		- 러일전쟁이 일어남
1905년 (27세)	안중근은 일본이 러일전쟁에서 승리한 뒤 조선에 대한 침략을 노골화하자 아버지와 상의해 국외항일터전으로 중국 산동과 상하이 등지를 답사하다. 상하이 천주교 르각 신부의 권고로 구국의 방도로 교육, 사회조직의 확장, 민심의 합력, 실력 양성 등에 조언을 받고 귀국하다. 아버지의 장례를 치른 뒤 독립하는 날까지 술을 끊기로 하다. 장남 분도 태어나다.	- 가쓰라·태프트 밀약(일본과 미국이 한국과 필립핀에서의 상호 지배권 인정) - 포츠머스 조약 체결 - 영일동맹, 일본의 한국에서의 우선권 인정 - 을사늑약 체결 - 조선통감부 설치
1906년(28세)	안중근 일가 진남포로 이사해 양옥 한 채를 짓고 교육구국운동에 투신하여 삼흥학교(三興學校), 프랑스 신부가 경영하던 천주교 계통의 돈의학교(敦義學校)를 인수하여 학교 운영에 전념하다	- 주한 일본 헌병, 행정·사법경찰권 장악 - 초대 통감 이토 히로부미 부임 - 최익현 임병찬 신돌석 등 의병을 일으킴
1907년(29세)	아버지와 친분이 있던 김 진사가 간도, 러시아령 등 해외에서 독립운동을 권하자 재정을 마련코자 석탄회사를 세웠으나 일본인의 방해로 손해 보다. 국채보상운동에 적극 참여하다. 군대해산을 보고 간도 연해주 지역으로 망명하여 본격으로 조국 독립전쟁을 시작하다. 차남 준생 태어나다.	- 헤이그 밀사사건 발생 - 고종 폐위되고 순종 양위 - 정미7조약(한일신협약) 체결 - 대한제국 군대 해산
1908년(30세)	안중근 연해주의 한인촌을 순회하면서 동의회 회원을 모집하기 위하여 유세를 벌이다. 안중근 대한의군 참모중장 겸 특파독립대장은 300여 명의 의병을 거느리고 국내 진공작전을 벌이다. 석방해 준 포로들에 의해 일본군에게 위치가 노출되면서 적의 기습을 받고 회령 영산에서 일군과 약 4-5시간 대접전을 벌였으나 중과부적으로 패퇴하	- 허위, 13도 창의군 이끌고 홍인문(동대문)밖 30리까지 진격 - 최봉준 블라디보스토크에서 『해조신문』 창간 - 전명운·장인환, 미국 샌프란시스코에서 스티븐스 저격 - 한성에 동양척식회사 설립

	다. 블라디보스토크에서 의병 재기를 도모했으나 여의 치 못하다. 일진회 회원들에게 잡혀서 구타를 당하고 죽음의 위기에서 간신히 풀려나다.	- 간도 및 연해주 동포 수 13만 여 명으로 조사.
1909년 (31세)	안중근 엔치야(현, 크라스키노)에서 동지 11명과 함께 단지동맹을 결행하다. 『해조신문』에 안응칠이라는 이름으로 「인심결합론 (人心結合論)」을 발표하다. 안중근, 하얼빈 의거를 결의하다. 10월 21일 아침, 우덕순과 함께 하얼빈으로 떠나는 도중 포브라니치나야에서 통역을 맡아 줄 유동하 와 동행하다. 10월 24일, 우덕순과 함께 하얼빈에서 만난 조도선 과 같이 지야이지스고역으로 가다. 10월 26일, 하얼빈역 플랫폼에서 이토 히로부미를 사살하다	- 전국 곳곳에서 의병이 일어나다. - 일본 내각에서 한국 병합 실행에 관한 건을 의결하다. - 국내 의병을 진압하기 위한 일본 군의 '남한대토벌작전'이 시작되 다. - 이완용 명동성당 앞에서 이재명의 습격을 받아 중상을 입다.
1910년 (32세)	2월 7일, 뤼순 관동도독부 고등법원 제1호 법정에 서 제1회 공판이 열리다. 2월 14일, 제6회 공판에서 마나베 주조 재판장은 안중근에게 사형, 우덕순에게 징역 3년, 조도선과 유동하에게 각각 징역 1년 6개월을 선고하다. 3월 15일, 자서전 「안응칠 역사」 탈고하고 「동양평 화론」 집필 시작하다. 3월 26일, 뤼순 감옥 교형장에서 순국하다.	- 8월 22일, 일본에 합병하는 조약 강제 체결 - 8월 29일, 일본에게 국권을 빼앗기 다. - 초대총독 데라우치 마사타케(寺内 正毅) 임명

■ 참고문헌

강동진 지음, 『일본근대사』, 한길사, 1986

강만길 지음, 『고쳐 쓴 한국근대사』, 창작과비평사, 2003

김우종 주편, 『안중근과 하얼빈』, 흑룡강조선민족출판사, 2006

김희영 편저, 『이야기 중국사』, 청아출판사, 1991

나명순·조규석 편, 『대한국인 안중근』, 세계일보사, 1993

노산 이은상 번역, 『안중근의사자서전』, 안중근의사숭모회, 1979

미요시 도오루 지음, 이혁재 번역, 『사전 이토 히로부미』, 다락원, 2002

박노연 지음, 『안중근과 평화』, 을지출판공사, 2000

박도 지음, 『항일유적답사기』, 눈빛출판사, 2006

박환 지음, 『러시아 한인유적답사기』, 국학자료원, 2008

백지원 지음, 『왕을 참하라』, 진명출판사, 2009

사키 류조 지음, 양억관 번역, 『광야의 열사 안중근』, 고려원, 1993

서현섭 지음, 『일본은 있다』, 고려원, 1995

신기수 엮음, 이은주 옮김, 『한일병합사』, 눈빛출판사, 2009

안중근의사기념관, 『대한국인 안중근』 사진과 유묵, 2001

─────────, 『대한의 영웅 안중근 의사』, 2009

─────────, 소식지 『대한국인 안중근』, 2008년 가을호

─────────, 학술회의 논문, 『안중근 의거를 도와준 인물』, 2008

우당기념관 엮음, 글 박도, 『사진으로 엮은 한국독립운동사』, 눈빛출판사, 2005

유경환 지음, 『위대한 한국인 안중근』, 중앙서관, 2008

윤병석 지음, 『해외사적 탐방기』, 지식산업사, 1994

이기웅 옮겨 엮음, 『안중근 전쟁 끝나지 않았다』, 열화당, 2000

이수광 지음, 『안중근, 불멸의 기억』, 추수밭, 2009

이태진, 조동성, 김성민, 『이토 히로부미, 안중근을 쏘다』, IWELL, 2010

정일성 지음, 『이토 히로부미』, 지식산업사, 2004

조동걸 지음, 『독립군의 길 따라 대륙을 가다』, 지식산업사, 1995

조선일보사, 『월간조선』, 2009년 12월호

조성오 지음, 『우리 역사 이야기·2』, 돌베개, 2008

화문귀 지음, 유병호 역, 『안중근 연구』, 료녕민족출판사, 2009

황현 지음, 김준 역, 『매천야록』, 교문사, 1994

『국사대사전』, 민중서관, 1997

『여순일아감옥』 사진집, 인민미술출판사, 2002

『연표, 한국사』, 한길사, 1995

『한국사 연표』, 다홀미디어, 2007